# 颜真卿评传

中国历代书法家评传

何炳武 著

陕西新华出版
太白文艺出版社·西安

## 图书在版编目（CIP）数据

颜真卿评传 / 何炳武，李巾编著. -- 西安：太白文艺出版社，2018.6（2023.6重印）
（中国历代书法家评传 / 何炳武主编）
ISBN 978-7-5513-1198-4

Ⅰ. ①颜… Ⅱ. ①何… ②李… Ⅲ. ①颜真卿（709-785）—评传 Ⅳ. ①K825.72

中国版本图书馆CIP数据核字(2017)第185202号

## 颜真卿评传
### YAN ZHENQING PINGZHUAN

| 作　者 | 何炳武　李巾 |
| --- | --- |
| 责任编辑 | 刘　涛　汤　阳 |
| 封面设计 | 可　峰 |
| 出版发行 | 太白文艺出版社 |
| 经　销 | 新华书店 |
| 印　刷 | 三河市同力彩印有限公司 |
| 开　本 | 787mm×1092mm　1/16 |
| 字　数 | 130千字 |
| 印　张 | 10.25 |
| 版　次 | 2018年6月第1版 |
| 印　次 | 2023年6月第3次印刷 |
| 书　号 | ISBN 978-7-5513-1198-4 |
| 定　价 | 32.80元 |

版权所有　翻印必究
如有印装质量问题，可寄出版社印制部调换
联系电话：029-81206800
出版社地址：西安市曲江新区登高路1388号（邮编：710061）
营销中心电话：029-87277748　029-87217872

# 序

陕西省书法家协会名誉主席　雷珍民

陕西古为雍、梁之地，又称三秦大地，纵贯南北，连通东西，位于中国地理版图的中心区域。在整个周秦汉唐时期，关中地区都是古代中国政治、经济、文化的中心。数千年来，悠久的历史、厚重的文化，为陕西书法的不断发展繁盛、经久不衰提供了充足的营养。

在三秦文化肥沃的土壤之上，历代书法名家辈出，传世的精品碑帖不计其数。商周时期的青铜器铭文、先秦时期的石鼓文、西安碑林所藏的秦李斯《峄山碑》、汉熹平石经《周易》残石、《曹全碑》《大唐三藏圣教序碑》《道因法师碑》《颜勤礼碑》《颜家庙碑》《多宝塔感应碑》《玄秘塔碑》等皆堪称书坛瑰宝。众多作品中仍以隋唐时期为盛。隋代的智永，初唐时期的欧阳询、虞世南、褚遂良、薛稷，中晚唐时期的颜真卿、柳公权都是绝贯古今、声名显赫的书法大家。陕西因此而享有"书法的故乡"之美誉，声闻海内外。

改革开放之后，随着社会经济文化的不断发展，中国传统文化逐渐复兴，书法作为中国传统文化中最有特色的一门艺术也获得了长足的发展。一方面，在传统文化全面复兴的大潮下，书法有了更广泛的群众基础。由于书法在塑造完美人格、培养高尚优雅审美情趣等方面有着不可替代的作用，也越来越受到社会各界的认可。业余书法爱好者的数量迅速增加，书法艺术群众化、民间化的趋势日益明显。另一方面，从事书法研究的专业队伍不断壮大。整个陕西书法界呈现出百花齐放、百家争鸣的良好态势。陕西的书法家们通过作品展览、专题讲座、理论研讨等多种形式积极弘扬传统书法艺术,推动陕西书法事业的不断发展。书法研究者能够潜心钻研书法,发表论文,出版专著,举办展览,开坛讲学,在理论、实践等方面都取得显著成绩的同时,也将陕西书法的声誉和影响拓展到三秦大地之外更为广阔的领域中去。

近年来,专业人员积极投身书法理论研究,将书法的专业研究与群众普及结合起来,扩大陕西书法群众基础,推动陕西书法进入了新阶段。为了更好地传承祖国的书法艺术,陕西省社科院中国书画研究中心何炳武主任主编了《陕西书法史》。这套书出版后引起了较大的社会反响,对深入认识陕西书法、普及书法发挥了重要的作用。

现在,陕西省社会科学院中国书画研究中心又撰写了"中国历代书法家评传"丛书。他们选择中国书法史上最具代表性的书法大家作为研究对象,通过多种渠道搜集相关文献资料,进行深入的个案研究。其研究视角不仅仅关注书法家书法风格形成的历史背景及时代风貌,更注重其书法思想、理论的研究,关注书法家对前代的继承、创新和对后世的影响,将书法家的人生经历、时代背景与其书法创作紧密联系起来。这样的研究方法突破了传统研究中书家与书作相分离的局限,也为书法研究开辟了一条崭新的道路。

"没有高度的文化自信,就没有中华民族的伟大复兴。"十九大以来,随着中华民族伟大复兴进程的加快,更好地传承中国优秀传统文化,深入挖掘中华优秀传统文化的内蕴,是摆在我们面前最重要的任务,也是每一个学人在新时代下的责任。我认为,这套丛书的陆续出版,对于推动陕西书法事业的发展和弘扬祖国优秀的传统文化都具有重要的意义。

是为序。

2017 年 10 月 16 日

# 目录

第一章 引言 ………………………………………………………… (1)
　一、唐代中期的社会发展 ………………………………………… (1)
　二、唐代中期的书法发展 ………………………………………… (3)
第二章 生平编 ……………………………………………………… (9)
　一、官宦子弟　少勤学业 ………………………………………… (9)
　二、科举登第　步入仕途 ………………………………………… (13)
　三、仗义执言　外放平原 ………………………………………… (15)
　四、安史乱起　河北首义 ………………………………………… (17)
　五、见驾凤翔　初入中枢 ………………………………………… (24)
　六、权臣猜忌　外贬同州 ………………………………………… (26)
　七、代宗嗣位　二入中枢 ………………………………………… (29)

八、元载忌恶　三贬于外 …………………………………………（32）
　　九、卢杞专权　宣谕希烈 …………………………………………（38）
　　十、老臣尽节　血洒淮泗 …………………………………………（41）
**第三章　书法编** ……………………………………………………（45）
　　一、书法师承 ………………………………………………………（45）
　　二、书法艺术风格 …………………………………………………（52）
　　三、书法理论 ………………………………………………………（64）
　　四、书法作品赏析 …………………………………………………（83）
　　五、书法影响 ………………………………………………………（125）
**附录　颜真卿年表** …………………………………………………（145）
**主要参考书目** ………………………………………………………（154）

# 第一章 引 言

## 一、唐代中期的社会发展

唐朝前期,自唐太宗李世民贞观年间至玄宗开元年间,国家一直处于大发展阶段,经济、政治、军事、外交、文化等空前繁荣。"贞观之治""开元盛世"构成了中华民族引以为傲的盛唐气象。唐代文化不仅是中国封建文化的高峰,在当时的世界也是处于领先地位的。

唐朝前期出现了几代开明君主,从政治、经济等各方面承前启后促进了唐朝的发展。在政治上,沿袭隋制,并逐步以中书、门下、尚书三省代替前朝的"三师"和"三公",加强了皇帝的统治力量;同时,完备了隋朝开创的科举制度,使它成为选拔官吏的主要手段和途径。为了加强与边疆少数民族的团结合作,太宗在贞观十五年(641)将文成公主下嫁给松赞干布,使吐蕃与大唐关系进一步密切。此外,历史上闻名遐迩的"丝绸之路"也成为当时中原对外发展的重要通道,对改善对外关系与相互间的经济交流起到了不可低估的作用。唐朝的经济在此期间得到了空前的发展。自贞观至开元年间,唐朝的人口、土地和粮食产量都大大超过了前朝。人民安居乐业,丰衣足食,这也为之后大力发展手工业提供了有力的保障。唐代手工业水平之高超,甚至可以与现代工艺相媲美。从我们现在所见到的"唐三彩"等唐代艺术品来看,便可窥之一二。人文艺术在这一时期也得以迅速发展。诗、书、画各方面都有大量名家涌现。诗歌领域涌现出诸如"田园山水派"代表王维、"边塞派"诗人岑参,以及素有"诗仙"之称的唐代大诗人李白等;今人熟知的"画圣"吴道子、李思训,大音乐家李龟年,都是盛唐气象的代表;书法领域除著名的"初唐四家"之外,书法家张旭、颜真卿等人,都是这方面杰出的代表人物。唐朝中期,学习书法的氛围就十分浓厚。唐代是我国书法艺术发展史上的一个新的繁荣时期。

  颜真卿五岁时,正值历史上有名的"开元盛世"初期。颜真卿进入政治舞台时,正是唐王朝由清明治理转向腐朽治理,由强盛走向衰败的转折时期。唐朝自高祖李渊建立以来一直蓬勃发展,到开元年间已进入了全盛时代。但在这一片升平景象的掩盖下,统治阶级内部的矛盾事实上已经不可调和。随着唐玄宗日益追求奢侈生活,怠于政事,并先后任命李林甫、杨国忠为相;宠用宦官,政治腐败日益扩大;重用藩将安禄山等人,兵权旁落,最终导致了历史上有名的"安史之乱"。天宝十四年(755)十一月,安禄山发动叛乱,次年攻占唐都长安。玄宗仓皇避难四川成都,太子李亨

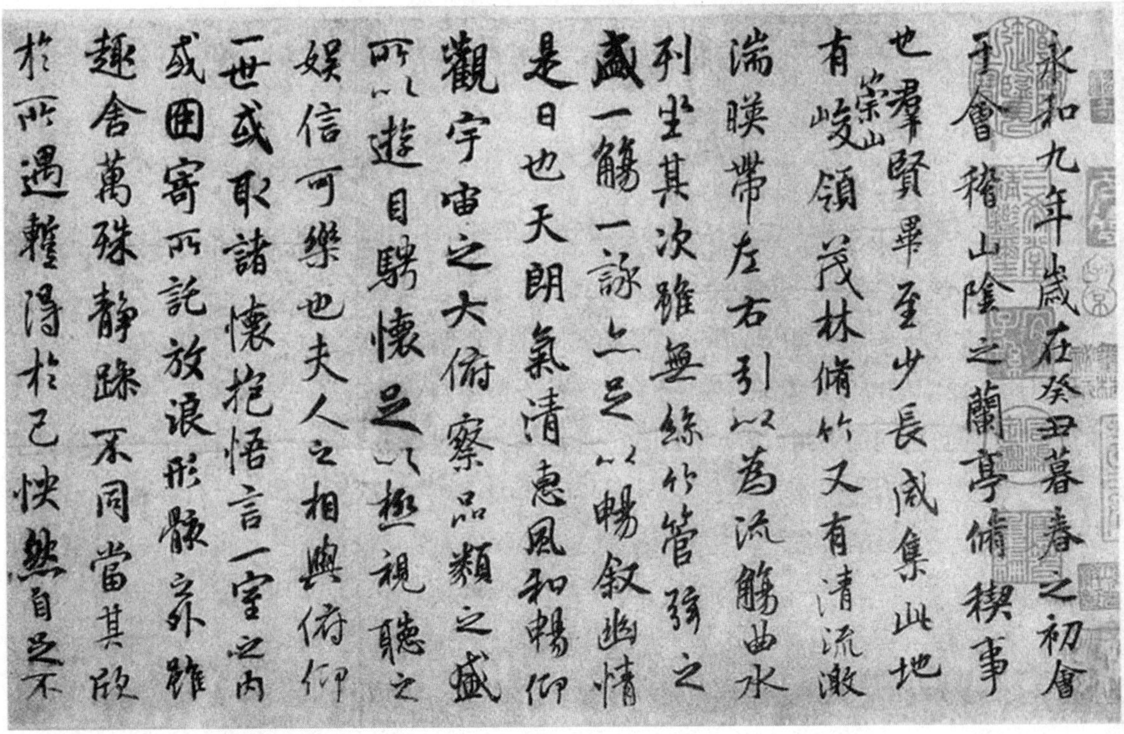

图1-1　王羲之《兰亭序》(局部)

北走灵武，七月即位称帝，改元至德，是为肃宗。直至代宗广德元年（763）正月，安史之乱方才平息，前后历经七年零两个月。这次叛乱大大削弱了唐王朝的实力，从此唐王朝由兴盛转为衰败。

## 二、唐代中期的书法发展

伴随着唐代的社会发展，唐代书法艺术的发展也经历了初唐、盛中唐、晚唐三个阶段。初唐是对前朝书法的继承和吸收时期，处于准备阶段；盛中唐是真正意义上唐代书法风格的确立和成熟期，达到了书法艺术美的极致；晚唐则是对唐代书法艺术的延伸与反思。唐代文化艺术最高成就在盛中唐，书法最高成就也在盛中唐。

初唐书法基本上是魏晋南北朝及隋朝书法的延续，其总体风格趋于轻盈华美、婀娜多姿，或婵娟春媚、云雾轻笼，或高谢风尘、精神洒落。这种书风的形成，主要是唐太宗李

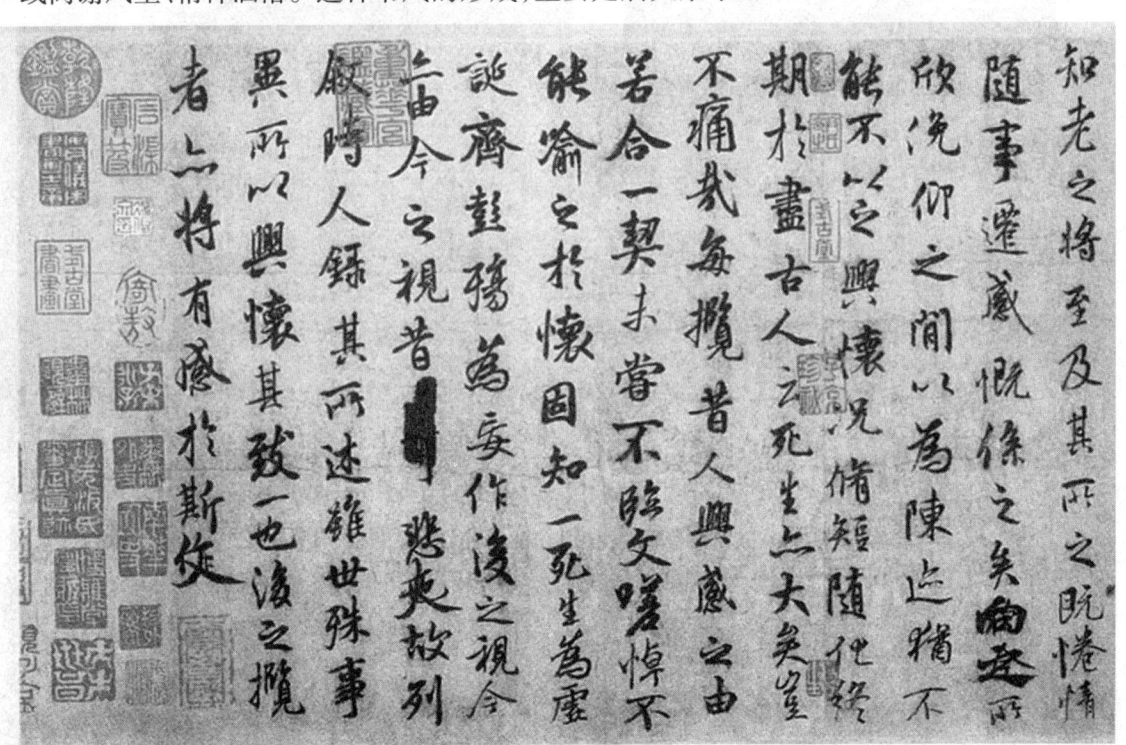

图1-2　王羲之《兰亭序》（局部）

图1-3 欧阳询《九成宫醴泉铭》（局部）

世民倡导的结果。李世民作为封建盛世的开明君主，不仅非常喜好书法，高度推崇王羲之，自称"心慕手追，此人而已"，而且其书法水平也达到了很高的艺术水准。

唐初书法代表人物有虞世南、欧阳询、褚遂良和薛稷，历史上称为"初唐四杰"。他们书法创作的一个共同点是以王羲之笔势、笔法为基础，兼融南北朝时期鲜活的丽质，从而形成各自独特的艺术风格，将自隋代发展而来的书法格局推向前所未有的高度。所以，初唐书法的成就可以说是隋朝书法的顶峰以及唐代书法的基石，为此后形成具有鲜明唐代特色的书风，做了必要的铺垫。

经过近百年的创作实践和理论探讨，至盛中唐时期，书法艺术同诗歌、绘画、音乐等其他艺术一样，迎来了创作上的辉煌，成为备受人们称道的盛唐文化的一部分。至此，唐代书法彻底摆脱了前朝书法的束缚，走向雄奇豪放，书法家的个性和激情开始借助书法这一载体得到充分地展现和张扬。孙过庭在《书谱》中就提出"质以代兴,妍因俗易""驰骛沿革,物理常然"。他以历史变化观点,强调"达其性情,形其哀乐""随其性欲,便以为姿",强调书法作为表情艺术的特性,并将这一点提到与诗歌并行,与自然同美的理论高度:"情动形言,取会风骚之意;阳舒阴惨,本乎天地之心。"孙过庭这一抒情哲理的提出,预示着盛中唐书法浪漫主义高峰的到来。盛中唐书法走向兴盛的重要标志是张旭和颜真卿的崛起以及以张旭、怀素为代表的草书的出现,尤其是草书,运笔流走快速,连字连笔,一派飞动,"迅疾骇人",把悲欢情感极为痛快淋漓地倾注在笔墨之间,如同李白的诗一样无所拘束。这一时期,李邕的行书,颜真卿、柳公权的楷书,张旭和怀素的草书,李阳冰的篆书各领风骚、卓然不群,表现出强烈的时代气息和鲜明的艺术个性。以张旭等人为代表的"盛唐草书风",是对旧的社会规范和美学标准的冲击和突破,其艺术特征是内容溢出形式,不受形式的任何束缚拘囿,是一种没有确定形式无可仿效的天才抒发。以颜真卿为

图1-4　虞世南《孔子庙堂碑》(局部)

代表的盛唐楷书风,则恰恰是对新的艺术规范、美学标准的确定和建立,其特征是讲求形式,要求形式与内容的严格结合和统一,以树立可供学习和仿效的格式和范本。如果说,前者更突出反映新兴地主阶级知识分子的"破旧""冲决形式",那么后者突出的则是"立新""建立形式"。"江山代有才人出,各领风骚数百年",颜真卿的书法,不仅领了数百年的风骚,还为后期封建社会奠定了标准,树立了楷模。

　　盛中唐时期由于国家统一,国势强盛,促进了华夏民族的融合,吸引了区域各政权的来朝和中外文化的交流。儒、道、释三家思想文化既相互竞争,又互相渗透。"大唐风度"的文化艺术,包括书法在内,远播日本等国,促进了日本走

向书法艺术的黄金时代。开明宽松的政治思想文化环境,使整个社会充满自信、博大、进取的精神状态。这种精神状态,强化了维护国家统一繁荣的信念。这样的经济基础和上层建筑所产生的文化艺术,其基调、气魄、风格,焕发出奋发昂扬的"盛唐气象"。

我国的书法艺术,历经两汉、三国、魏晋南北朝时期的发展阶段,到了唐代,呈现出灿烂辉煌的局面。纵观唐代,书法流派众多,书法大家辈出,书法论著纷呈,书法精品争奇斗胜。其艺术成就之高,对后世产生的影响之深,都远远地超过了以往的任何一个朝代。究其原因,主要有以下几个方面:

首先,隋末农民战争推翻隋王朝的事实,给唐朝君臣留下了深刻的印象。唐太宗李世民当了皇帝后,经常和大臣总结隋亡的历史教训,注意以隋亡为戒。他常说,人君好比舟,人民好比水;水能载舟,也能覆舟。为了避免"覆舟"之祸,他勤于政事,励精图治,从而使社会得以稳定,生产得到恢复和发展,人民生活水平获得前所未有的提高,出现了"贞观之治"的盛世局面。李世民逝世后,唐高宗李治、武则天能够继往开来,到唐玄宗李隆基统治的开元年间,唐朝再次出现盛世的局面。杜甫的《忆昔》诗说:

忆昔开元全盛日,小邑犹藏万家室。
稻米流脂粟米白,公私仓廪俱丰实。
九州道路无豺狼,远行不劳吉日出。
齐纨鲁缟车班班,男耕女桑不相失。

从诗中我们看到的是一幅天下太平,人民安居乐业、丰衣足食的繁荣景象。当人们的物质需求得到满足后,便有了对精神生活的要求。如同唐代的其他艺术一样,书法艺术正是在这样的时代背景下逐步走向辉煌的。

其次,随着经济的快速发展,为地主阶级培养人才的学校在唐代获得了很大的发展,科举制度也日趋成熟。唐代的学校,在中央设有国子、太学、四门、律学、书学、算学六学,统由国子监领导;各州县也开设地方学校;此外还"许百姓任立私学"(《唐会要》卷三五《学校》)。学生学习的科目除儒家经典、律学、算学外,还要主修书学一科。唐代的科举分常举和制举两种。常举除有秀才、明经、进士、明法、明算、道举等科外,明书也是其中重要的一科。书就是指书法。唐代的学校把书法作为一科,书法好可以做官,这势必引起人们对书法的浓厚兴趣和潜心钻研,从而推动了唐代书法的繁荣。

第三,唐朝的皇帝和公卿大臣大都善书,并多有书迹传世。唐太宗李世民就酷爱书法,且造诣颇深。开国初期,由于唐太宗李世民爱好和重视书法艺术,陆续在翰林院设侍书学士,国子监设书学博士,科举也设"书科",学书成为入仕的门径。贞观年间,五品以上在京的文武官员子弟,只要爱好书法,都可以到弘文馆内学书,由虞世南、欧阳询等教授笔法。唐太宗尤笃好右军书,锐意临摹,拓《兰亭序》以赐朝臣,故于时士大夫皆宗法右军。唐太宗的行草书,据说深

图1-5 张旭《肚痛帖》(局部)

得右军之法。他不仅是位书法家,同时在书法理论方面也颇有见地,他认为:"字以神情为精魂,神若不合,则无态度也。以心为筋骨,心若不坚,则字无劲健也。以副毫为皮肤,副若不圆,则字无温润也。"这是从书法的审美角度来论述的,而"态度""劲健""温润"等艺术效果,只有通过运用一定的书写方法才能取得。因此,他指出运笔"太缓者滞而无筋,太急者病而无骨,损毫侧管,则钝慢而肉多,竖笔直锋,则干枯而无肉"。君主如此重视书法研究,势必对书法创作的实践产生巨大影响。正是由于唐朝皇帝及其公卿大臣对书法的爱好和提倡,并躬身实践,才使朝野上下习书之风大盛,书法艺术在唐代得到了极大的发展。这种崇尚书法的传统,造就了许多著名书法家。颜真卿就是这一时期书法艺术方面杰出的代表人物,他被后人誉为破"二王"体,创造了新书体,艺术成就卓著,开一代美学风范的书法宗师。

# 第二章 生平编

## 一、官宦子弟　少勤学业

颜真卿，字清臣，出身于世宦之家，祖籍琅琊孝悌里（今山东临沂市费县诸满村）。其所属的琅琊颜氏名臣辈出，是中国文化发展史上很有影响的名门之一。据颜氏谱牒记载，颜氏一世祖就是春秋末期孔子的著名弟子颜回；颜回第二十二世孙颜敫，于汉灵帝时官至御史大夫；颜敫之子颜盛于灵帝中平年间出任青州刺史，后在魏文帝年间，又改任徐州刺史，定居琅琊国华县城西孝悌里。颜氏在孝悌里历四世，至西晋时，已成为琅琊望族。西晋永嘉元年（307），晋室南渡。颜真卿十三世祖、颜盛曾孙颜含时任琅琊王司马睿幕府参军，率家族随司马睿南迁，侨居于上元（今江苏南京）长干里颜家巷。颜氏家族在江南共历九世，成为江南的士家大族。北周建德年间，颜真卿五世祖颜之推应周武帝征召，举家随驾入关，定居京城长安；隋

图 2-1　颜真卿像

图2-2 颜真卿《唐王琳墓志》（局部）

初，颜之推之子颜思鲁居万年县敦化坊；唐初，思鲁之子颜师古居长安县通化坊。至唐代中叶，颜氏家族在京兆共历六世，成为京兆名门巨族。

唐中宗景龙三年（709）（《辞海》为708），颜真卿出生于京兆长安县敦化坊，小名羡门子。其父颜惟贞时年四十岁，任太子文学。母殷氏，陈郡长平人。惟贞夫妇有七子三女，真卿为第七子。玄宗先天元年（712）七月，真卿三岁时，父亲染疾身亡，留下孤儿寡母，家境十分贫寒。颜真卿兄妹十人便随母亲投靠舅父殷践猷。

颜真卿出生时，唐朝正处在上升时期，政权稳固，国力强盛，边境平静。京城长安拥有人口近百万，不仅是全国的政治、经济、文化、交通中心，而且是世界各国文化交流的中心，是当时世界著名的都市。自唐太宗置弘文馆后，精选天下文儒，"四方儒士，多抱负典籍，云会京师"，弘文馆有图书二十余万卷。国子监设六学二馆，至贞观十三年（639）筑学舍一千二百间，增收中外生员多至八千余人。九品中正制的废止，科举制的推行，大大激发了社会各阶层学子研经习儒的积极性。"草泽望之起家，簪绂望之继世"，京城长安的里坊街巷笼罩在浓厚的学习气氛中。

颜真卿在童年时代就受到传统家学的耳濡目染。母亲殷氏是颜真卿的第一位老师，父亲去世以后，母亲殷氏独自担负起养育子女的责任。她出身于陈郡名门望族，其曾祖闻礼、祖令言、伯祖令名和父亲子敬，都以儒学、书法闻名于世。殷氏幼承家学，有较高的文化素养，而且得伯祖殷令名传授，熟谙楷书笔法。鞠养之外，她秉承颜、殷两家的家教传统，严格督学；劳作之余，还认真演示执笔方法，为子女纠正习字姿势。这对颜真卿高尚品格的形成及书法艺术的启蒙，均起了潜移默化的教化作用。

颜真卿舅父殷践猷博学，尤通氏族、历数、医方，与贺知章、陆象先、韦述以及颜真卿伯父元孙友善交好。贺知章称他为"五总龟"，以谓龟千年五聚，而问无不知。他"性方正，志业淳深，识理清远"。践猷之妻萧氏"贤和齐肃，秉修礼度，能读《论语》《周易》，泛观史传"。他们对颜真卿的成长十分关心，除生活上全力支持、悉心照顾外，还非

图 2-3　颜真卿《多宝塔碑》（局部）

图 2-4　颜真卿《多宝塔碑》（局部）

常注重他的学业，"悉心训奖，皆究恩意"。颜真卿的经学根基，很大程度上来源于舅父的传授。颜真卿对舅父的养育之恩，也铭感终生。而且颜真卿孩提时，其姑母经常留居敦化坊，给真卿弟兄讲述颜见远、颜协、颜之仪等先祖的事迹和自己割耳诉冤的故事；还给他们教授词汇、音韵学知识，指导侄儿们学习李延寿《王孙赋》、崔氏《飞龙卷》、江淹《造化卷》及《五都赋》等，为颜真卿刚正品格的形成和深厚的文学艺术造诣奠定了基础。开元九年（721），舅父殷践猷亡故，颜真卿便随母南下苏州，寄居在当时任吴县县令的外祖父殷子敬官舍，时年十三岁。

颜真卿童年时代，虽然家境清贫，但他得到了很好的家庭教育，学习也特别勤奋。父亲去世后，家道中落，一家十几口人全靠亲友接济度日。清贫的生活使颜真卿过早地成熟，他认识到读书入仕是他唯一的出路。长辈的言传身教，亦使颜真卿从小就知道颜之推、颜师古等祖辈的治学成就和刻苦读书的精神。童年时他就刻苦练写诗文和书法，常常得到伯父颜元孙等的鼓励。家学的传承和本人的勤奋与挚爱，使少年颜真卿积累了坚实的经学与诗赋功底，并在书法艺术方面开始显露出众的才华。

## 二、科举登第　步入仕途

经过多年的勤奋学习，开元二十一年（733），颜真卿顺利地通过了国子监帖经、讲经等考试，并寓居长安福山寺，潜心读书，准备应举。开元二十二年（734），颜真卿参加了进士科考试，初试帖一大经及《尔雅》，二试杂文，三试时务策。除考题内容之外，书法也是评判优劣的重要标准。最终颜真卿以"经策全通"的优异成绩被选为甲第。当时科试项目有秀才、明经、俊士、进士、明法、明字、明算等多种，其中以明经和进士两科最为重要，名臣多从这两科出身。两科相比，进士科尤其重要，也最难考取。琅琊颜氏家族自朝廷实行科举以来，多以明经入仕。所以颜真卿中进士后，家族引以为荣，把他作为光大颜氏家族的希望。从兄颜春卿临死之际握着他的手，殷切地说："尔当大吾族，顾我不得见，以诸子逮汝。"其后颜真卿果然发扬家业，成为颜氏家族的中心。

唐制，科举考试发榜后，凡及第进士例当参加拜谢座主、参谒宰相等一系列的礼节和仪式，

图 2-5　颜真卿《多宝塔碑》（局部）

然后还必须宴集，著名的如曲江宴、雁塔题名、杏园探花、月灯打球等。从宋无名氏《宝刻类编》所收《颜真卿雁塔题名》推想，颜真卿也当与同年们一起参加了这些活动。

进士及第后，经主考官孙逖做媒，颜真卿娶太子中书舍人韦迪的女儿为妻。韦迪是房州刺史韦景骏的儿子，史学家韦述的二弟，曾见称于名相张说，有"人之杞梓"之谓。家有藏书两万卷，皆手校订，史称"黄墨精谨，内秘书不逮也"。且还收藏古今朝臣图、历代名人画、魏晋以来草隶真迹数百卷，古碑、古器以及当代名公尺牍题记等数以百计。颜、韦两家结为姻亲，韦述的史才博识对这位侄女婿有很大的影响和帮助。

开元二十四年（736），依照身（体貌丰伟）、言（言辞辩正）、书（楷法遒美）、判（文理优长）的标准和"始集而试，观其书、判，已试而铨，察其身言"的顺序，颜真卿在吏部参加铨选考试。书和判是入选的两个先决条件。颜真卿对当时最流行的楷书的研习已具相当深的功底，完全合乎"楷法遒美"的要求。而对于"乙仕登三命，举以特牲，祀以少牢，人告其僭，加于举礼也"的冷僻深奥的假设命题，仍能依据《周礼》和《诗经》，给予恰如其分的评判，深得知贡举李昂赏识，终以"三判优"

图 2-6　颜真卿《裴将军诗帖》（局部）

擢拔萃科，被授予朝散郎、秘书省著作局校书郎，从此踏入仕途。

## 三、仗义执言　外放平原

在秘书省任职两年后，因其母殷夫人在洛阳去世而停职赴丧，依惯例服孝三年。天宝元年（742），颜真卿三十四岁，守孝期满后经扶风郡太守崔琇荐引参加"博学文词秀逸科"制举考试。这是朝廷选择优秀人才充当官吏的一种不定期的特别考试，由皇帝亲自在勤政楼主考。颜真卿又以甲等登科，被任为醴泉县（今陕西省礼泉县）县尉之职，协助县令管理地方治安。在醴泉，颜真卿因政绩卓著，经关内道黜陟使王鉷以清白举荐，于天宝五年（746）升任长安县县尉，授通直郎。颜真卿在任醴泉和长安县尉期间，拜当时的著名书法家张旭为师。当时张旭已享有盛名，在洛阳裴儆家中教授书法，有许多人从各地赶到洛阳向他求教。颜真卿也往返于长安和洛阳之间，还曾在裴儆家中居住一个多月。在临回长安时，颜真卿恳切地请求张旭给他讲授笔法要诀。张旭看他态度诚恳，学习很勤奋，就单独传授笔法规则于他。根据张旭的教诲，颜真卿写出了《张长史十二意笔法记》，悟出了"屋漏痕"的笔法。颜真卿的书法经过张旭的传授和本人的勤学苦练、刻苦钻

图 2-7　颜真卿《裴将军诗帖》（局部）

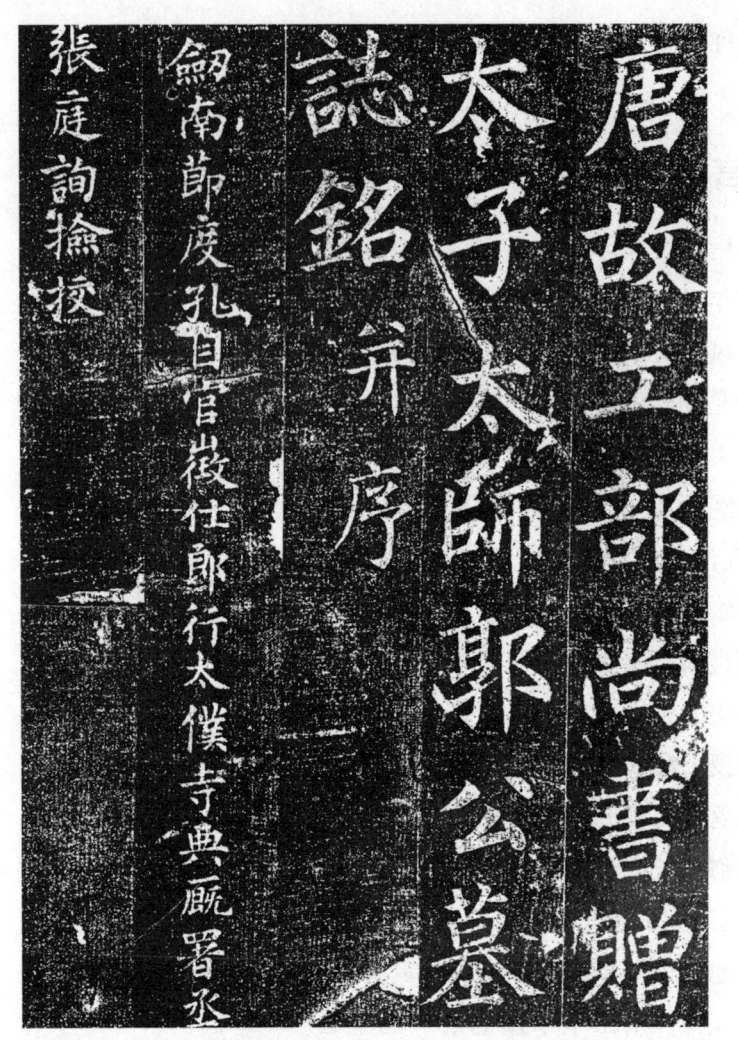

图2-8　颜真卿《郭虚己墓志铭》（局部）

研，有了长足的进步，为形成自己的独特艺术风格，在理论和基本功上做好了准备。

天宝六年（747）元月，颜真卿被任命为朝廷监察御史，在御史中丞王鉷的直接领导下，担负"分察巡按郡县，屯田、铸钱、岭南选补、知太府、司农出纳，监决囚徒"的工作。其间，颜真卿先后以河东、朔方、河西、陇右诸军试覆屯交兵使的身份奔赴各地巡察，解决了不少问题，深受当地人民的推崇。当时陇右五原县积有一件冤案，久未能解决，颜真卿一到，立即加以审理，并做出合理的处置。恰巧当地久旱无雨，而在了结这件冤案时，却下了一场透雨，于是人们莫不以为天降甘露是与颜真卿断案有关，虔诚地称之为"御史雨"。

天宝八年（749）八月，颜真卿四十岁，被任命为殿中侍御史。当时唐功臣宋璟的后代宋浑任中丞，被杨国忠私党诬告，降职到贺州，颜真卿为此很不平，并设法援救中丞。天宝九年（750）春，援救宋浑未果，颜真卿为权臣杨国忠所忌，改任东都畿采访处置使判官；八月，再转殿中侍御史；十二月，升侍御史。天宝十年（751）季春，迁尚书省兵部员外郎、判南曹、散官加朝议郎。天宝十一年（752）三月，改兵部为武部，故又称武部员外郎。任武部员外郎、判南曹期间，他负责审核选人的资历档案，"每年选人有解状、簿书、资历、考课，必由之以核其实"，于六品以下武职人员的铨选至关重要。颜真卿"提纲目，锄苛细，武调者多感而怀之"。在这期间，颜真卿先后书撰了《郭虚己碑》《郭虚己墓志铭》和岑勋的《千佛寺多宝塔感应碑》。

天宝十二年（753），杨国忠以挑选尚书出任地方官郡守为名，将颜真卿再度排斥出朝廷，派他到离长安二千五百里的平原郡（今山东德州一带）任太守。颜真卿在平原郡勤于政事，关心民间疾苦，积极治理平原郡。他初到平原郡，便着手整顿吏治，废除苛政，奖励人才。他认真访察地方上的孝义名节之士，及时进行表彰或蠲免其差役。听说当地隐居着一个名叫张镐的人，很有才能，他便亲自登门拜访，虚心向张镐请教，并趁廉访使到平原郡巡察的机会，把张镐举荐给朝廷，拜为左拾遗。三年后，张镐位至宰相。自颜真卿上任至安史之乱爆发，短短两年时间，平原郡被他治理得井井有条。其好友高适听说平原政效，百姓乐业，曾作诗志贺："皇皇平原守，驷马出关东。银印垂腰下，天书在箧中。自承到官后，高枕扬清风。豪富已低首，逋逃还力农。"

## 四、安史乱起　河北首义

平原郡属河北道，是平卢、范阳、河东三镇节度使兼河北采访处置使安禄山所管辖的地区。安禄山是营州柳城胡人，为人奸诈多谋，深得幽州节度使张守珪赏识，开元二十八年（740）被张提升为平卢兵马使。因重赂御史中丞张利贞，开元二十九年（741）被任命为营州都督。天宝元年（742）升为平卢节度使，后数次入朝，与奸相李林甫勾结，讨得唐玄宗欢心。后又兼任范阳节度使、河东

图2-9 颜真卿《东方朔先生画赞碑》（局部）

节度使。到颜真卿出任平原太守时，安禄山已升任左仆射之职，统兵二十万，占全国总兵力的百分之四十，今河北、内蒙古、东北及黑龙江以南、乌苏里江以东地区都属其管辖范围，成为当时兵雄天下的最大军阀。安禄山对朝廷的腐败和内地兵力的空虚了如指掌，其野心急剧膨胀，积极准备，欲取李唐天下而代之。天宝十四年（755）十一月，安禄山发兵十五万，号称二十万大军，在范阳造反。唐玄宗多年来一直荒于政事，沉溺于奢华享乐，对叛乱疏于防范，朝廷兵力又主要集中在边镇，中原地区兵力空虚。而且国家承平日久，民不知兵革为何物，况且河北诸郡本属安禄山管辖，所以叛军挥师南下，所向披靡。沿途州郡或开门迎降，或弃城而逃，或为其擒戮，仅十余天就推进到博陵（今河北定县）一带。

  颜真卿对安禄山的阴谋早有察觉，暗中积极进行抵抗叛军的准备。他借口防汛，修筑、加固城墙，疏浚濠水，储备粮食，悄悄地进行壮丁登记。为了迷惑安禄山，他整天和幕僚宾客一起饮酒作诗，泛舟游览。安禄山曾派人到平原郡观察颜真卿的动静，他陪来人到处游览名胜古迹，到离平原郡不远的厌次（今山东陵县神头镇）观看汉代的东方朔祠庙。见到德州刺史韩思复于开元八年（720）修的石碑已长满苔藓，文字也漫漶不可认，于是重新勒石，书写了《东方朔先生画赞碑》。他在碑阴记中说："盖取字大可久，不复课其工拙。"安禄山听了派去的人回来后的禀报，认为颜真卿只是一介书生，不足为虑。颜真卿还根据当地平坦无石的特点，命士兵烧制了很多圆形的砖块，取名"绊马石"，准备战时铺在城外要道上，以对付安禄山的骑兵。安禄山初反时，曾命令颜真卿率平原、博平两郡兵士七千人驻守黄河沿岸。颜真卿趁机派司兵参军李平抄近路奔东都洛阳，然后西入长安报告军情。同时抓紧平原防守部署，严阵以待。

　　叛军沿途烧杀掠夺，无恶不作，百姓四处逃亡，妻离子散，痛苦不堪。百姓对唐政府的出兵表示了热烈欢迎和支持。当时平原郡屯兵只有三千人，颜真卿趁机招募勇士，扩大队伍，十天内即达万余人。天宝十五载（756）春，颜真卿高举抗击叛军旗帜，在城西门检阅部队，犒劳士卒，进行慷慨激昂的战前动员。颜真卿曾举酒洒泪，登台陈辞，有言"国家之恩，戮力死辑，无以上报""焉有人臣，忍容巨逆？必当竭缉，龚行天讨"……在他的带动下，饶阳、济南、清河、景城、邺郡等地的官吏和百姓，也纷纷杀死叛军官吏，投奔颜真卿。

　　颜真卿的堂兄颜杲卿时任常山郡太守，叛军南下时假意归顺安禄山。颜真卿派外甥卢逖前往联络举义事宜，颜杲卿与长史袁履谦设计杀死叛将李钦凑，活捉叛将高邈、何千年，解送长安；一举收复军事要塞井陉，与平原郡形成掎角之势，打开了河北道与河东道太原府之间的通路。颜杲卿又到饶阳劳军，并向诸郡宣

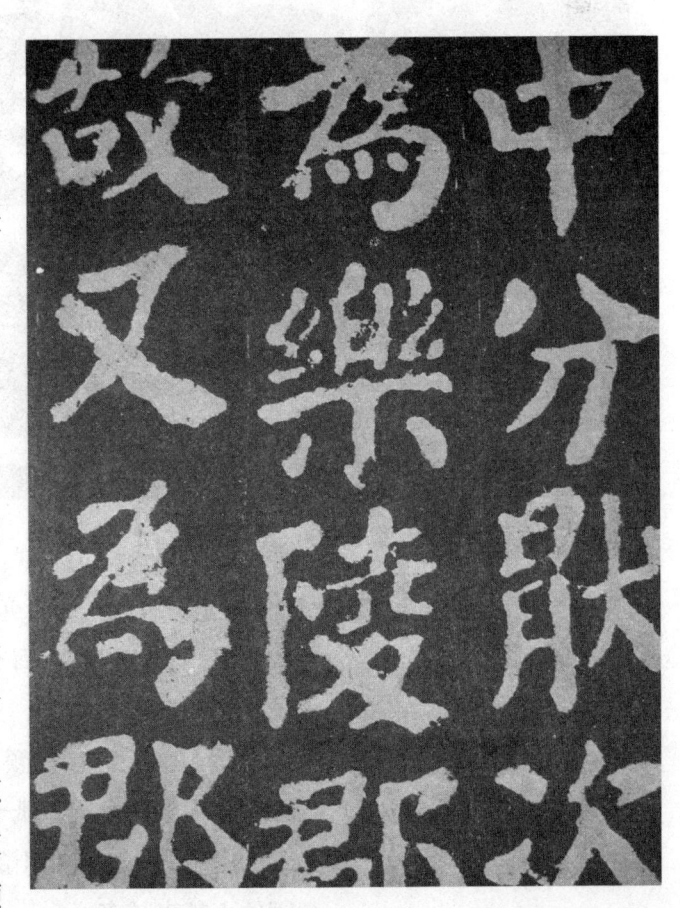

图2-10　颜真卿《东方朔先生画赞碑》（局部）

谕："大军已下井陉，朝夕当至，先平河北诸郡，先下者赏，后至者诛。"清池县尉贾载、盐山县尉穆宁联手起事，杀死伪署景城太守刘道玄，与清河县尉张澹一起投奔平原郡。应颜真卿之邀，北海太守贺兰进明也率兵五千屯于平原城南，受命招兵买马，协助颜真卿平叛。由此，河北十七郡同日反正，复归朝廷，各路义军合兵二十万众，共推颜真卿为盟主，立志匡扶朝廷，平定叛乱。

安禄山攻陷东都洛阳，杀东都留守李橙、御史中丞卢奕、判官蒋清，并派部下段子光带着三人的首级宣谕各郡，胁迫颜真卿和各郡守投降归顺。段子光见到颜真卿，气焰嚣张，有恃无恐，威胁颜真卿说：

图2-11 颜真卿《颜勤礼碑》（局部）

"仆射十三日入东京，远近尽降。闻河北诸郡不从，故令我告之。公若损我，悔有日在！"颜真卿命部下腰斩了段子光，为李澄等治丧，哭祭三日，方安葬于城外。当时，卢奕脸上血痕犹在，颜真卿不忍用袍袖擦拭，竟俯下身去，用舌头把血迹舔舐干净，表示了他抗击叛军、忠于朝廷的坚定决心。安禄山的逆行激起大家的义愤，归附颜真卿的人越来越多。

安禄山见河北有失,被迫停止进攻潼关,急忙派史思明、蔡希德等回师北上,自河内攻击博陵、常山。颜杲卿起兵只八日,工事未曾加固,粮草也未备足,叛军已兵临城下。他急忙派人去山西太原王承业处请求援军,但王承业怕冒功事发,只盼常山早日陷落,按兵不救。颜杲卿率常山军民和叛军激战三天三夜,在外无援军、内无粮草的情况下,城破被俘。史思明纵兵屠城,死难万余人,颜杲卿的儿子颜季明当场被杀害,颜杲卿和袁履谦被押解到洛阳,劝降未果,被凌迟处死,颜氏一门死难三十余人。附近各郡再度落入叛军手里。

消息传到平原郡,颜真卿悲痛万分。天宝十五年(756)正月,朝廷诏加他为户部侍郎,兼本郡防御使,后又加封其为河北招讨采访处置使,命他协助即将出使山西的河北节度使李光弼对叛军作战。颜真卿强忍悲痛,谋划对叛军的进攻。他采纳义军首领的建议,调拨六千人西进支援清河县,并命令录事参军李择交、平原县县令范东馥等人率平原部众,会同清河、博平的军队进攻魏郡。在堂邑西南十里与叛将袁知泰部

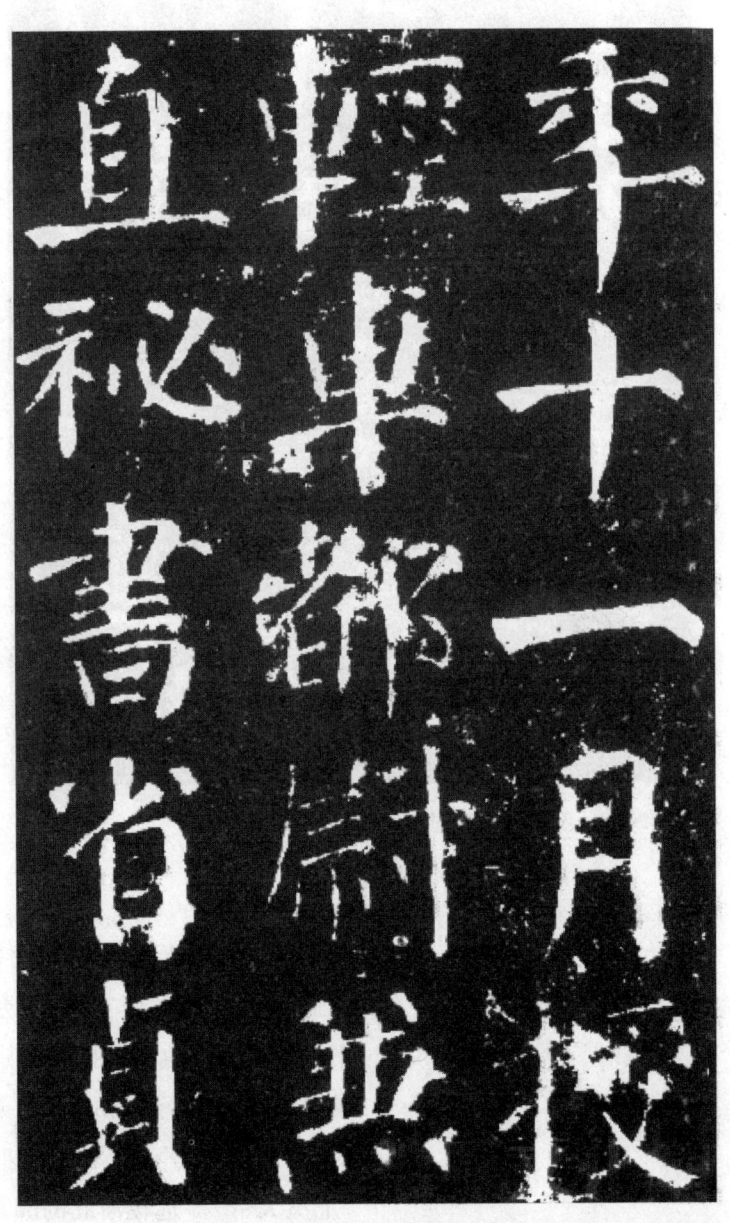

图 2-12 颜真卿《颜勤礼碑》(局部)

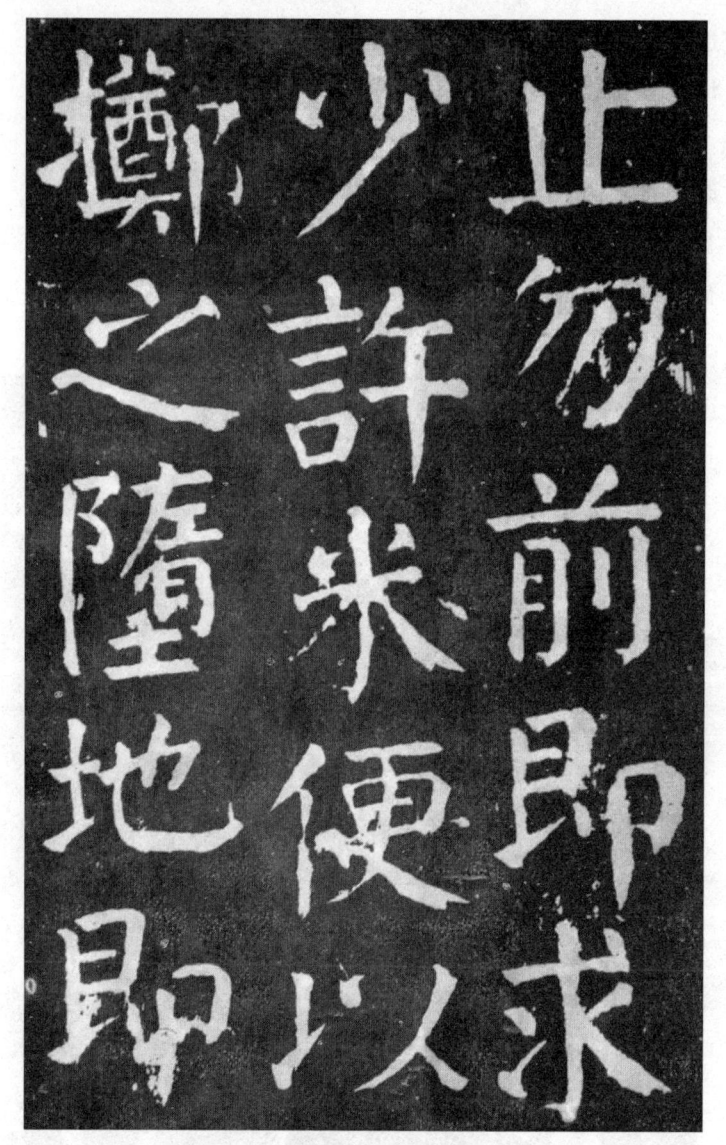

图 2-13 颜真卿《麻姑仙坛记》(局部)

署在魏郡的白嗣深、乙舒蒙部二万余人相遇,经一昼夜激战,杀死叛军万余人,收复魏郡。平叛大军沿途受到百姓的慰劳,军威大震。平卢将领刘正臣杀叛军官吏,归顺朝廷,派人从渔阳渡海来找颜真卿求援。颜真卿为了坚定他抗击叛军的信心,派人押送十余万的军事物资和经费渡海送去,并将自己不到十岁的儿子颜颇送去当人质,以表示对他的信任。

由于颜真卿所统义军的有力牵制,河东节度使李光弼和朔方节度使郭子仪所率唐军主力分别于天宝十五年(756)二月和四月出井陉,先后收复了常山和赵郡。五月底,又大败史思明于嘉山,歼敌四万余。史思明坠马,扶着断枪落荒而逃。河北十余郡纷纷杀死叛军守将,归顺朝廷。洛阳叛军退路再次阻断,形势对朝廷十分有利。李郭大军正面包围博陵郡,并拟围剿范阳,一举捣平叛军巢穴。河北十余郡皆杀伪守将而降。洛阳叛军人心动摇,也准备撤兵北逃。同年六月,哥舒翰大败于灵宝西塬,降于安禄山,潼关失守,长安陷落,玄宗仓皇西逃。太子李亨在灵武匆匆即位,改元至德,尊玄宗为"上皇天帝"。远在河北的颜真卿得到消息后,即派遣判官李铣以及马步军将领张云子潜入灵武奏事。肃宗诏颜真卿晋工部尚书兼御史大夫,依前河北招讨、采访处置使,并致敕书。敕书一到平原郡,颜真卿马上宣谕河北诸郡。

至德元年(756)十月,河间失守,饶阳、景城、乐安等县也相继沦陷。平原、博平、清河三郡失去屏障,成为叛军的重点进攻目标。十一月,安禄山派康没野波将平原城团团包围。此时平原城内军资将尽,外援又毫无希望,困守孤城已失去意义。在此形势之下,颜真卿征求部下的意见,对判官穆宁、张澹等人说:"贼势既尔,若委命待擒,必为其快心,辱国之命也。今将径赴行在,公以为何如?若朝廷必诛败军之罪以励天下,则王纲可振,死亦何恨。如复从事以责后效,则业不朽矣。"穆、张等人都表示赞成,二十日,颜真卿率下属撤离平原城。康没野波对义军出城并未认真堵截,仅象征性地做出追赶的姿态,颜真卿等得以顺利撤离。中原沦陷,经河南西去已不可能,颜真卿一行只好东渡黄河南下,经江淮平原进入荆襄,于至德二年(757)春抵达凤翔(今陕西省凤翔县),朝见肃宗。

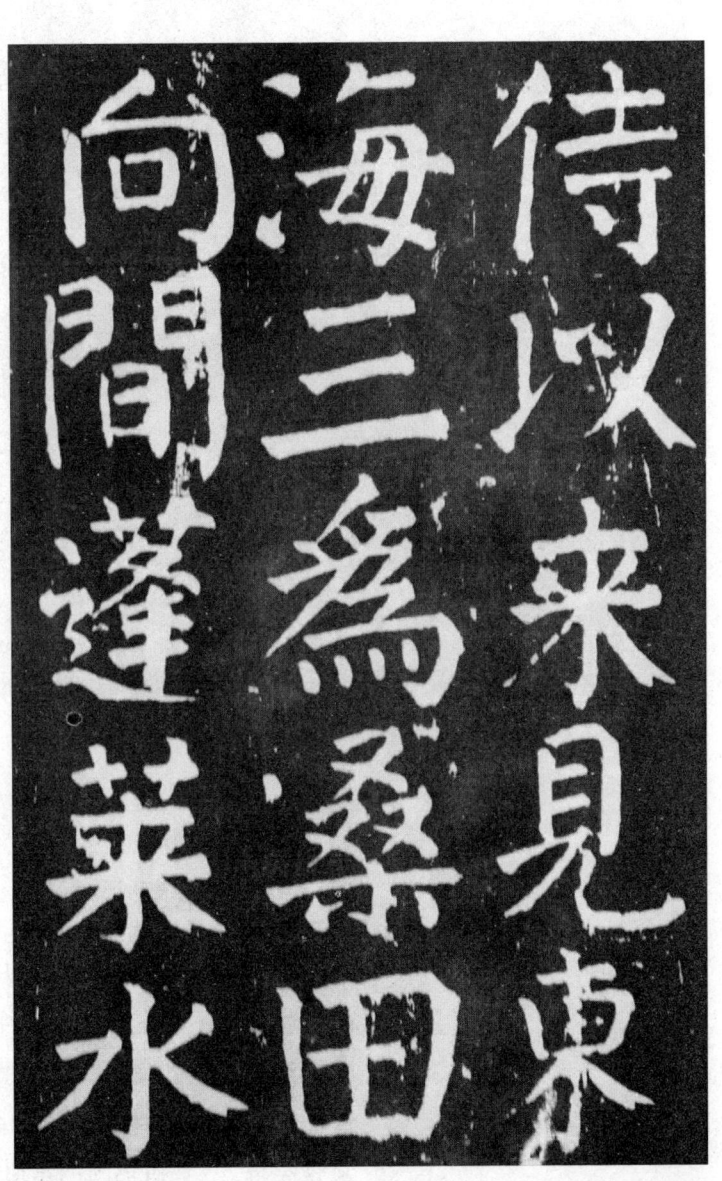

图2-14 颜真卿《麻姑仙坛记》(局部)

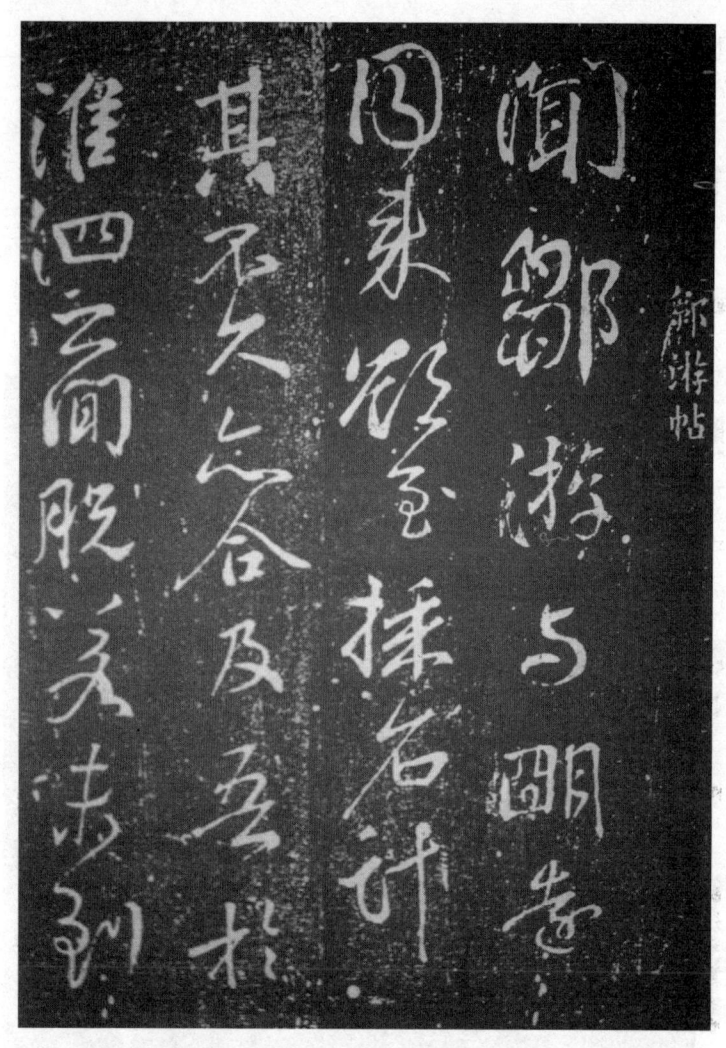

图2-15 颜真卿《鄢游帖》(局部)

颜真卿率众到达襄阳时,正与肃宗派到南阳劳军的宦官将军曹日升相遇。当时南阳已被叛军围困许久,粮食都已吃光。曹日升决心冒死入城慰问将士,襄阳太守魏仲犀认为单骑闯城无异于送死。颜真卿激动地说:"曹将军不顾万死以致帝命,何谓沮之!借使不达,不过亡一使者;达,则一城之心固矣。"魏仲犀深以为然。在魏、颜等人精心策划下,曹日升率十骑杀开血路进入南阳,至此,道路复通,朝廷政令遂得传达,城中亦得襄阳济粮,全城欢呼雀跃,节度使鲁炅和全城军民守城之志益坚。颜真卿至邓州内乡县,仲兄允南妻陈氏故,遂草书二嫂允南夫人陈氏碑。

## 五、见驾凤翔 初入中枢

至德二年(757年)二月,肃宗自灵武进驻凤翔。当时满朝文武不足三十人,其中并无突出的人才,且朝廷初建,纲伦松弛。肃宗深知颜真卿德重才博,正直刚毅,又曾任职宪台,颇有声名,乃命颜真卿兼任御史大夫之职,掌管宪台,"掌执邦国刑宪典章,以肃正朝廷"。面对朝廷纲纪松弛的局面和部分朝官"苟贪利权,多致颠覆,害政非一，妨贤实多"的现象，颜真卿以振举朝纲为己任，秉公执法，对朝臣的过错知无不言。中书舍人兼吏部侍郎崔漪面带酒容上朝；谏议大夫李何忌不孝敬父母，朝会时行为不检点，颜真卿立即上奏朝廷，使二人受到应有的处分。宰相房琯是武后时宰相房融之子，与颜氏家族一向交谊深厚，但他在至德元年冬天率军平叛指挥失误，致有陈陶斜之败。兵败后竟称病不朝，不理政务，"日与庶子刘秩、谏议大夫李揖，高谈释老，或听门客董庭兰鼓琴"，这样已属渎职，又公开袒护李何忌，纵容董庭兰收受贿赂。颜真卿不徇私情，据理弹劾，朝廷罢免了房琯的宰相之职，降为太子少师。王府都虞侯管崇嗣恃宠而骄，在朝堂背向宫阙而坐，谈笑自若。颜真卿部属监察御史李勉弹劾，将其拘管于大理寺，但因肃宗特别优容，竟免于处分。管崇嗣不思悔改，反而更加骄横狂妄，随元帅、广平王、太子出征时，竟当着送行的唐肃宗和群臣的面，在太子上马之前跃马登鞍，目无礼法。颜真卿又据刑宪典章对其进行劾责。此事虽然因为肃宗以老将有足病加以姑息优容，但举朝百官莫不为之儆肃。

至德二年（757）九月，收复长安。十月，收复洛阳。肃宗于十月十九日自凤翔返长安，遣太子太师韦见素赴蜀奉迎玄宗，同时又派左司郎中李巽先行，陈告宗庙。中书省所写的祝文，在肃宗署名上用"嗣皇帝"的称谓，颜真卿见状急告礼仪使崔器说："上皇在蜀，可乎？"崔器遂奏改之，从而避免了一场严重政治事故，得到肃宗的嘉许。二十二日，肃宗至咸阳望贤宫，二十三日入长安，居大明宫。时太庙已为叛军焚毁殆尽，颜真卿上奏建议筑高台祭祀于野，说："春秋时，新宫灾，鲁成公三日哭。今太庙既为贼毁，请筑坛于野，皇帝东向哭，然后遣使。"肃宗经过考虑，终于采纳了这个意见，穿着素服向宗庙哭祭了三日才派使者敦请玄宗。

## 六、权臣猜忌　外贬同州

颜真卿因对朝廷大事敢于直言，不畏权贵，不徇私情，得罪了宰相和权贵们。十一月，宰相崔圆等人以"事乖执法，情未灭私"的罪名，劝肃宗罢去颜真卿京中的职务，贬为冯翊（今陕西大荔）太守。不久，冯翊改名同州。同州地近长安，为京畿三辅之一，长安陷落时，一再遭安史叛军铁蹄践踏，"生灵涂炭，邑室空虚，杀伤者虽或盖藏，逃亡者尚未归复"。颜真卿到任后，安定民心，招逃亡百姓返乡，医治伤病人员，抚恤亡孤，恢复生产，积极医治战争创伤，使同州地区的形势很快好转。

乾元元年（758）三月，朝廷任颜真卿"使持节蒲州诸军事、蒲州刺史，充本州防御使"。颜真卿时年五十岁，当时，安史之乱尚未平息。虽然安禄山已死，史思明投降，但安禄山之子安庆绪仍拥兵六万，据有邺郡等七个郡六十余城，时时威胁着唐朝政权。颜真卿认真分析了蒲州

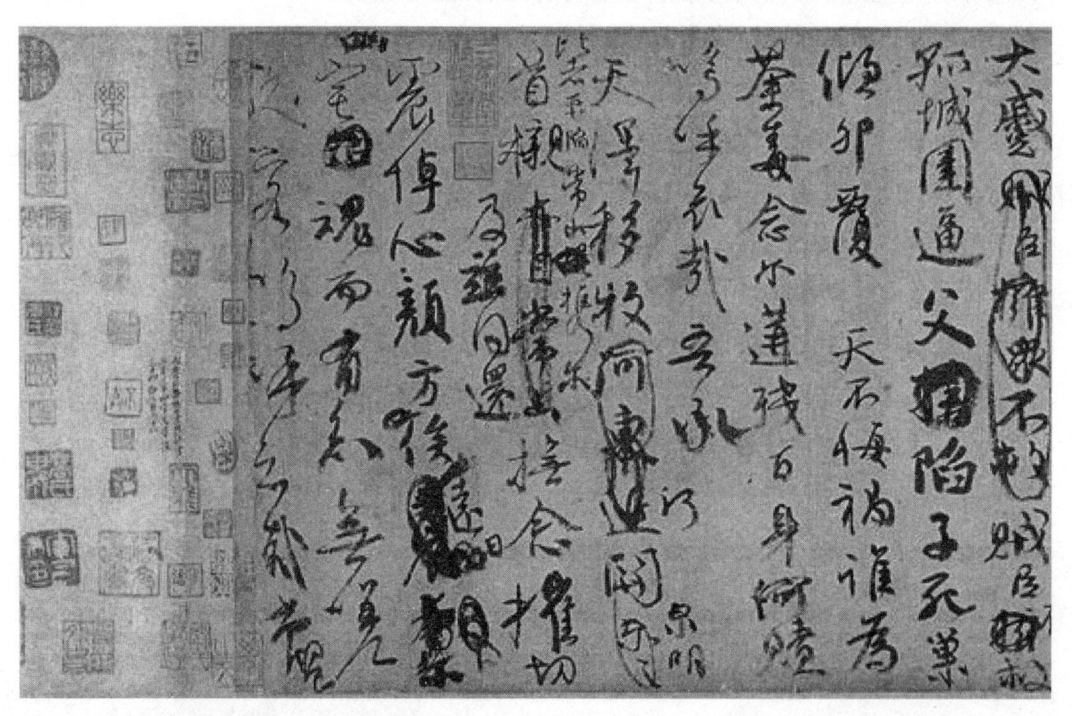

图 2-16　颜真卿《祭侄文稿》（局部）

扼秦晋之喉、抚幽并之背的重要军事地位,把防御叛军西侵作为自己的首要任务。为布置防守和医治战争创伤,他几乎到了废寝忘食的地步。在蒲州期间,由于堂侄颜泉明的出现,颜真卿了解到堂兄颜杲卿蒙冤的真相,悲愤难抑,立即上表朝廷为堂兄申诉。五月二十八日,肃宗下诏追赠杲卿太子太保,谥"忠节"。颜真卿又命泉明潜回河北,将常山殉难将士的妻小三百余人找回并安置。颜泉明找到了颜杲卿、袁履谦及杲卿之子季明、外甥卢逖等人的遗骸,予以重新安葬。颜真卿即在此时写下了流传千古的《祭侄文稿》。颜季明横遭杀戮,正当英年,且归葬时已失身躯,仅存头颅,抚今追昔,颜真卿不由得痛心惨怛,哀思郁闷。所以当他援笔作文之际,愤激萦纡,悲愤交加,血泪交迸,情不能禁,其意固不在文字之间,因而顿挫纵横,一泻千里,成为千古绝唱。

同年十月,由于酷吏御史唐旻的弹劾,颜真卿又被贬为饶州刺史。赴饶州途中,写下《祭伯父文稿》。饶州地

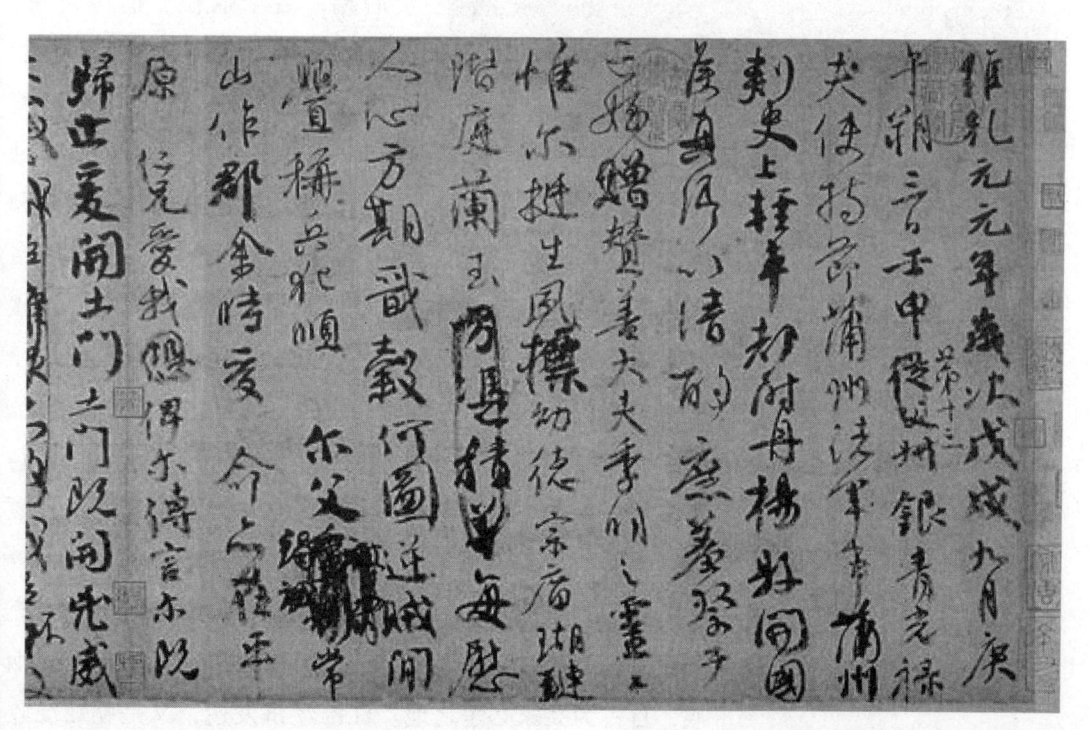

图2-17 颜真卿《祭侄文稿》(局部)

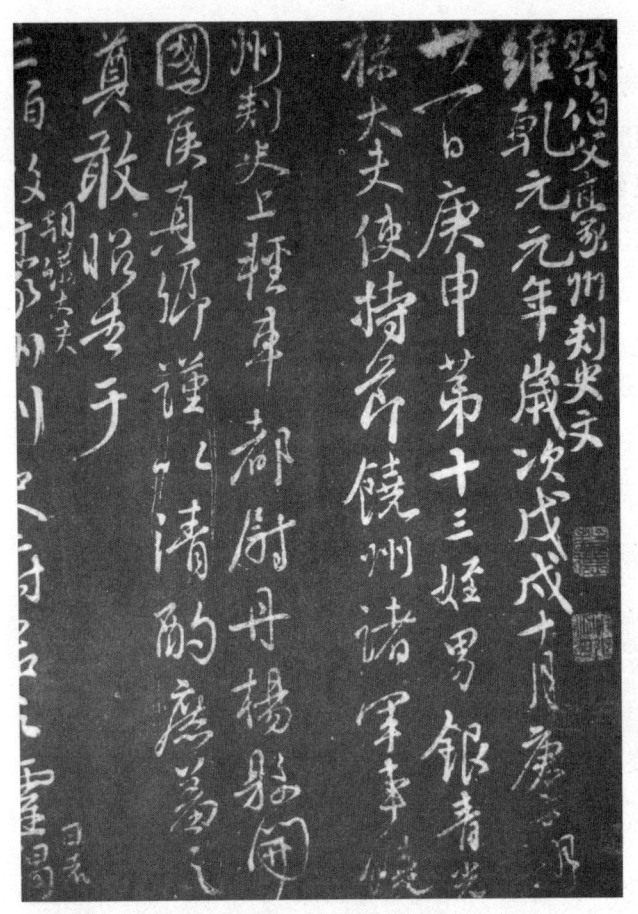

图2-18 颜真卿《祭伯父文稿》(局部)

处江南西道东北,治所在鄱阳县（今江西省鄱阳县）。此地虽未遭叛军蹂躏,但因政事不修,盗贼蜂起,民众苦不堪言。颜真卿一上任,首先整顿治安,大力缉捕盗贼,对为首作恶者,一经捕获,即行处斩,使凶顽之徒很快匿迹。德兴县妇女程小娘的父亲、兄长俱被强盗杀害,她自己亦被劫掳,后用计得脱,将受害情由上告州府。颜真卿得悉后,仔细询问案情,了解盗贼的隐蔽处所,随即差遣得力捕役将盗首擒获,斩之于市。不日,四境肃然。

饶州本以物产丰饶得名,初唐之际,所属各县连续丰收。天宝后期,由于徭役、捐税苛重,经济每况愈下,安史之乱更加剧了这种趋势。对此,颜真卿"简徭役,黜贪残,劝课农桑",鼓励农民利用丘陵地多的特点广植桑麻,使当地的社会秩序和生产很快得到恢复和发展,"课最为诸路第一"。颜真卿在饶州任职虽然不足一年,但他注重教化,影响深远,历代撰修图经方志,无不提到他的德政。宋代以后,人们往往把他与范仲淹在饶州的德政相提并论,称为"颜范遗风"。出于对书法的酷爱,颜真卿对前人书法有着特殊的感情。鄱阳荐福寺有块荐福寺碑,系初唐书法家欧阳询所书,颜真卿珍爱不已,建亭覆盖,后人称之为"鲁公亭"。

乾元二年（759）六月初,颜真卿改任升州刺史,充浙西节度使兼江宁军使。江宁为六朝古都,又扼长江咽喉,自古为兵家必争之地。江淮经济发达,又是朝廷征收赋税的主要地区，系国家的经济命脉所在。所以，这个地区的稳定和发展关乎全局。凭借敏锐的政治洞察力，根据江北扬州的种种迹象，颜真卿预感到扬州长史刘展将要反叛朝廷。像当年在平原郡那样，颜真卿一面密切注视江北动向，一面加紧修固江防，加强水陆战备，频繁视察各关卡要塞，训练士卒，整肃军纪，以应付突发事变。不承想，当时驻扬州的淮南节度观察处置使却密奏朝廷，认为颜真卿无事生非。由于肃宗的昏昧，偏听谗言，竟召颜真卿入朝，改任刑部侍郎。到第二年十一月，果然不出颜真卿所料，刘展据州反叛，横行江淮，致使百姓惨遭荼毒。

颜真卿任刑部侍郎仅七个月。入朝后，他不屈从权贵，与擅权用事、势倾朝野的殿中监李辅国等进行了不妥协的斗争。此前，唐玄宗于至德二年（757）十二月自成都返京后被尊为太上皇，住在皇城以外的兴庆宫，因多次召见官吏而引起肃宗的猜忌。权臣李辅国为了讨肃宗欢心，便乘肃宗生病之机，假传谕旨，请太上皇游览西宫，进而武力将其劫持到甘露殿，直接处于肃宗的控制之下。朝臣们对李辅国这一肆无忌惮的做法十分不满，却没有人敢站出来说话。颜真卿毫不畏惧，立即起草了一份请问太上皇是否平安无事的奏章，联络一百多名同僚签名，由他带领，向肃宗进呈，表示了对李辅国的抗议。李辅国对其恨之入骨，恰遇御史中丞敬羽告颜真卿"言事忤旨"，便乘机怂恿肃宗将颜真卿贬到距长安两千余里的蓬州任长史。是年八月，颜真卿出京师赴蓬州长史任，途经新政遇故人鲜于晋，撰《鲜于氏离堆记》。

## 七、代宗嗣位　二入中枢

宝应元年（762年）四月，玄宗、肃宗相继辞世，李辅国杀张皇后及越王係等人之后，乃发丧并引太子俶即皇帝位，是为代宗。代宗即位不久又拜颜真卿为利州刺史，因羌人围困州城，不得入，奉诏赴上都。十二月，经户部

图 2-19  颜真卿《金天王庙题名》(局部)

侍郎刘晏推荐,入朝接替刘晏任户部侍郎。颜真卿任户部侍郎不久,代宗因为颜真卿"郁然词宗,雅有朝望。高标劲节,历霜霰而不渝;握镜悬衡,鉴人伦而式叙",遂于宝应二年(763)三月改任吏部侍郎,并恢复任平原郡太守时旧阶,散官为三品银青光禄大夫。

是年七月,吐蕃率吐谷浑、党项、氐、羌等二十余万人自大震关入寇唐土,尽取河西、陇右之地;十月降泾州,掠奉天、武功,京师震骇。代宗仓促出奔,经华州,东至陕州。此时,在平定安史之乱中立过大功的太师、中书令仆固怀恩不满意朝廷给予的待遇,拥兵自重,拒不入朝,与朝廷关系逐步恶化,使朝廷面临的局势更加危急。为了扭转这种局面,扈从代宗一起到达陕州的颜真卿主动向代宗提出请求,愿意到汾州劝谕仆固怀恩入朝,代宗没有允许。吐蕃入京师后,焚掠一空,汾阳王、关内副元帅郭子仪率兵反击,赶走吐蕃军队,长安克复。

广德二年(764)正月,代宗任命颜真卿为检校刑部尚书兼御史大夫,充朔方行营、汾晋等六州宣慰使,前往汾州劝谕仆固怀恩入朝。颜真卿对代宗说:"陛下在陕,臣往,以忠义责之,使之赴难,彼犹有可来之理;今陛下还宫,彼进不成勤王,退不能释众,召之,庸肯至乎……

陛下不若以郭子仪代李怀恩，可不战而服也。"唐代宗听从了颜真卿的建议。三月，颜真卿晋爵鲁郡开国公、上柱国，二品勋阶，食邑三千户。他正色立朝，刚而有礼，非公言直道不萌于心。出于对他的尊敬，人们不再直呼其名，而尊称为"鲁公"。

广德二年（764）十一月，汾阳王郭子仪、郭晞父子率部自泾阳凯旋，代宗命百官在安福寺举行兴道之会欢迎。安排座位次序的尚书右仆射郭英乂为谄媚观军容使、宦官鱼朝恩，不顾朝廷礼仪，把鱼排在仆射一列，超出了他应在的位次。对此，百官敢怒而不敢言。颜真卿于会后致书郭英乂，对他这种"率意而指麾，不顾班秩之高下，不论文武之左右，苟以取悦军容为心，曾不顾百僚之侧目"的做法提出了尖锐的批评，直斥："亦何异清昼攫金之士哉?"这就是著名的《与郭仆射书》，又称《争座位

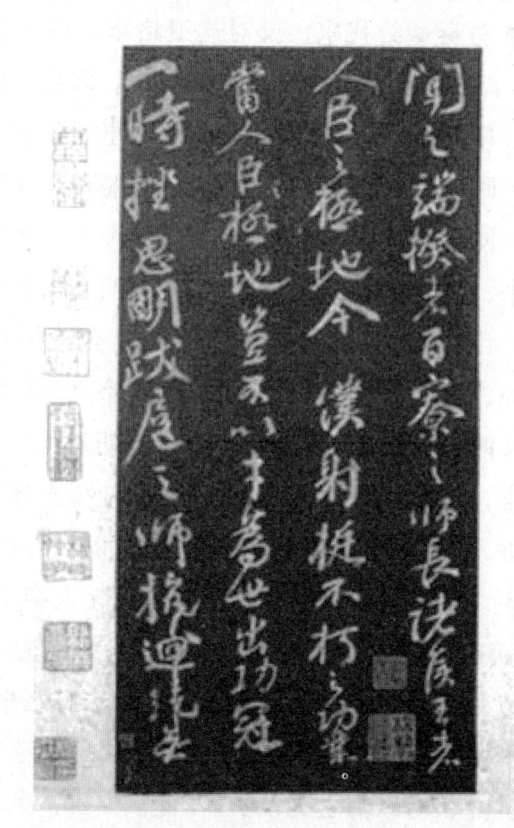

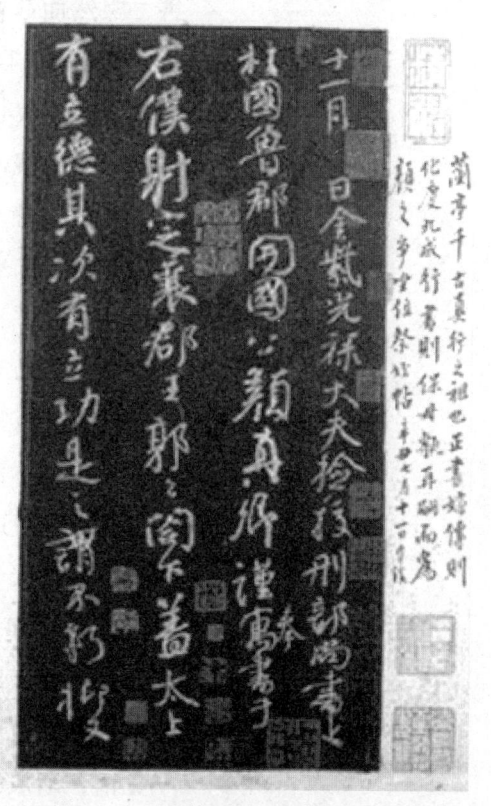

图2-20　颜真卿《争座位帖》（局部）

帖》。在该文中,颜真卿为了维护朝廷纲纪,执掌礼仪,秉义直诤,既斥郭英乂之佞,亦复夺鱼朝恩之骄,昂然忠义之气,横溢于文字之间,至今一千余年,尚凛凛有生气,读之莫不令人肃然起敬。

## 八、元载忌恶 三贬于外

元载字公辅,凤翔岐山人,家本贫寒,自幼丧父,其继父景升是曹王李明元妃的佣户,因而冒姓元氏。李辅国遭诛后,元载以重金串通内侍,被代宗委以相位。这个专攀高枝的谄事佞臣,自李辅国死后,唯恐有人攻评他的恶行,便通过御史中丞李进以代宗的名义向百官宣谕:"诸司官奏事颇多,朕不惮省览,但所奏多挟谗毁。自今论事者,诸司官皆须先白长官,长官白宰相,宰相定可否,然后奏闻……"诏谕一下,朝野哗然。颜真卿不顾个人利害,凛然而起,写奏章给代宗,反对这道堵塞言路的谕旨:"诸司长官皆达官也,言皆专达于天子也。郎官、御史者,陛下腹心耳目之臣也。故其出使天下,事无巨细得失,皆令访察,回日奏闻,所以明四目、达四聪也。今陛下欲自屏耳目,使不聪明,则天下何述焉……今天下兵戈未戢,疮痏未平,陛下岂得不日闻谠言以广视听,而欲顿隔忠谠之路乎!臣窃闻陛下在陕州时,奏事者不限贵贱,务广闻见,乃尧、舜之事也。凡百臣庶以为太宗之理可翘足而待也。臣又闻君子难进易退,由此言之,朝廷开不讳之路,犹恐不言,况怀厌怠,令宰相宣进止,使御史台作条目,不令直进。从此人人不敢奏事,则陛下闻见,只在三数人耳。天下之事,方钳口结舌,陛下后见无人奏事,必谓朝廷无事可论,岂知惧不敢进,即林甫、国忠复起矣。凡百臣庶以为危殆之期又翘足而至也。如今日之事,旷古未有,虽李林甫、杨国忠犹不敢公然如此。今陛下不早觉悟,渐成孤立,后纵悔之无及矣。"此疏上奏,虽未见用,但宦官争相抄录,传布于朝廷内外,影响甚大,这就是著名的《论百官论事疏》。元载闻之，深以为恨。

永泰二年（766）二月，代宗命颜真卿以刑部尚书的身份代替太常寺卿祭祀太庙，颜真卿将祭器不曾整治的情况如实报告朝廷，元载乘机诬他讪谤时政，奏请代宗贬颜为硖州别驾，继而又改贬为吉州别驾，自正三品降到从五品下阶。对于年近花甲的颜真卿来说，这是一生中遭贬谪最甚的一次。虽然他心情凄凉交臻，但忠义之心丝毫不改。他在给晚辈绪汝的书信（即《守政帖》）中说："政可守，不可不守。吾去岁中言事得罪，又不能逆道苟时，为千古罪人也。虽贬居远方，终身不耻。绪汝等当须谓吾之寸心，不可不守也。"明确地表达了自己为国守政，"虽九死其犹未悔"的决心。大历三年（768年）四月，颜真卿由吉州别驾调任抚州刺史。在抚州四年，他关心民众疾苦，注重农业生产，热心公益事业。针对抚河经常泛滥淹没农田的现状，他集资鸠工，带领民众在抚河中心小岛扁担洲南建起一条石砌长坝，从而解除了水患，并在旱季引水灌田。抚州百姓为了纪念他，将石坝命名为"千金陂"，并建立祠庙，四时致祭。大历七年（772），又调任湖州刺史，一直到大历十二年（777）被召回朝廷任刑部尚书。湖州地区地势低洼，因此防止灾害、兴修水利成为保障百姓生活安定的主要问题。颜真卿《湖州帖》所述就反映了这种情况。由于颜真卿的努力，湖州所属各县生产得到发展，百姓生活安定，颜真卿《梁吴兴太守柳恽西亭记》即记述了乌程县县令李清的政绩。

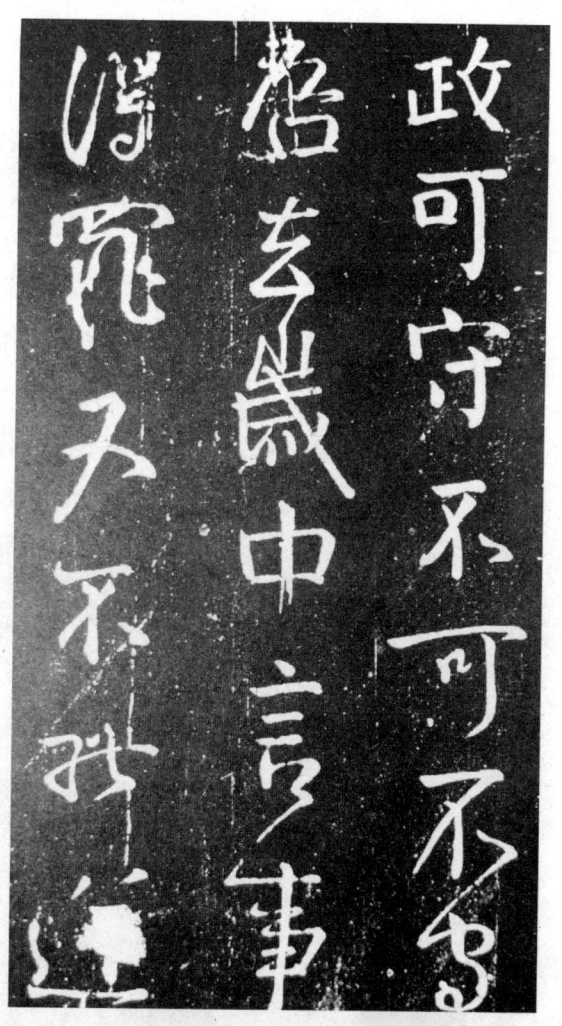

图 2-21　颜真卿《守政帖》（局部）

在离开平原郡长达二十七年的时间里，颜真卿长期在地方任职。他襟怀坦荡，虚己下士，待人热诚，结交了众多的海内文儒之士；他爱惜人才，奖掖后进，许多人慕名投效，追随左右。在饶州，他与邑校蔡明远交契，后来他卸任北归，绝粮江淮间，蔡明远载米济之，有《与蔡明远书》记其事。在抚州，当地文士左辅元、姜如璧等倚颜为门墙，奉事唯谨，并全力协助他增广旧著，整理诗稿。据清人黄本骥考证，在湖州，与颜真卿交往的文士多达八十余人。其中，参与编撰《韵海镜源》、见于颜真卿所撰《湖州乌程县杼山妙喜寺碑铭》的有五十八人，参与吟诗联句的有二十四人，见于《颜鲁公行状》及《续仙传》的有三人。著名人物除诗僧皎然外，尚有《渔父词》作者玄真子张志和、茶圣陆羽、以擅长五言诗而名闻天下的皇甫曾、著名书法家李阳冰、"亮直有父风"的萧颖士之子萧存及女婿柳淡等，或为隐逸挚友，或为文学知己。

唐代自安史之乱以后，佛道之学盛行，尤其是老庄思想，以其清净无为、神仙洞府而深深地为官场失意者所仰羡，无不借此作为精神支柱。颜真卿原本熟谙佛道文化，《颜氏家训》便明训弟子："兼修戒行，留心诵读，以为来

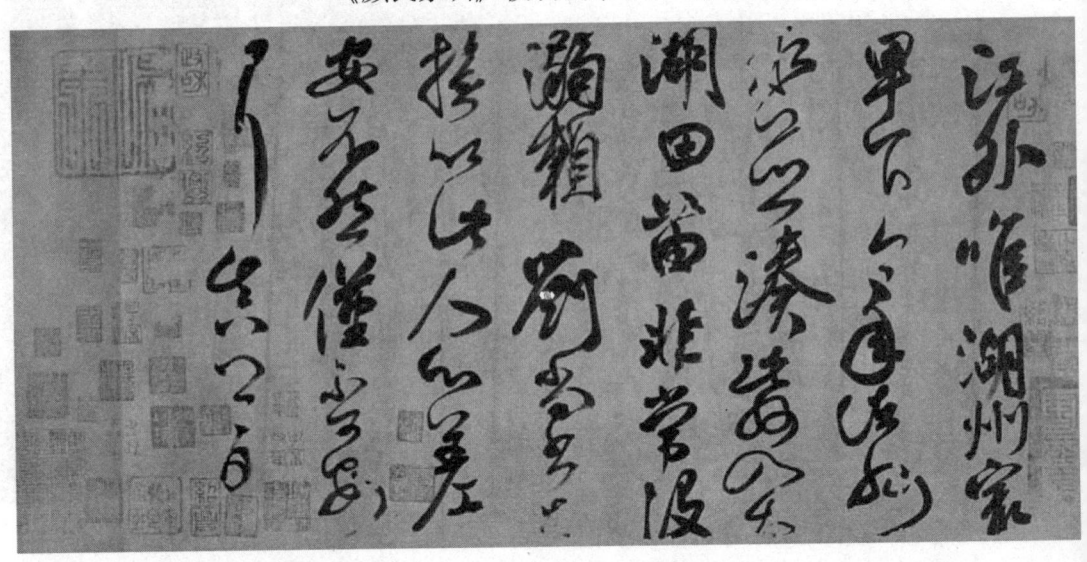

图2-22 颜真卿《湖州帖》（局部）

世津梁。"颜真卿交游皎然,相契严峻,友善上垣,褒异沈真乘之礼佛,敦慕谢灵运之释经,以及以"深于禅味"而为湖州佛川寺慧明法师的"菩萨戒弟子"。诸如此类行为,都是出于家学的传统影响。自乾元以后,颜真卿与僧侣、道士的交往明显增多,并热心宗教活动,其诗文、书法创作也多与此有关。乾元元年(758)十月,在贬赴饶州途中,他登华山,谒金天王祠,书《华岳庙题名》。在饶州,出于对道教上清派陶弘景五代传人茅山道士李玄靖的追慕,他派专人致书,"以抒诚恳"。上元元年(760)七月,他擘窠大书《天下放生池碑铭》并乞御书题额,对肃宗帝设放生池的"好生之德"极力颂扬。大历三年(768),颜真卿起任抚州刺史。初到临川,即为道士谭仙岩书《马伏波语》。大历四年(769)正月,倾慕晋代道士王、郭二真君修道异事,他派人赴崇仁县华盖山寻访遗踪,又重修二真君神坛,亲自撰书《华盖山王郭二真君坛碑铭》。三月,寻访临川井山晋代女道士魏华存仙坛遗迹,见仙坛一派荒寂,不由得惘然若失,令人洒扫增修,并撰书《晋紫虚元君领上真司命南岳夫人魏夫人仙坛碑铭》。同月,游井山华姑仙坛,撰书《抚州临川县井山华姑仙坛碑》,详细记述了本朝道姑黄令微修炼升仙一事。大历六年(771)三月,抚州临川县宝应寺创建律藏院,立戒坛,颜真卿亲为撰书碑文,颂述律宗传授渊源。四月,游南城县麻姑山仙都观,相传古时女仙麻姑于此得道,颜真卿撰书《抚州南

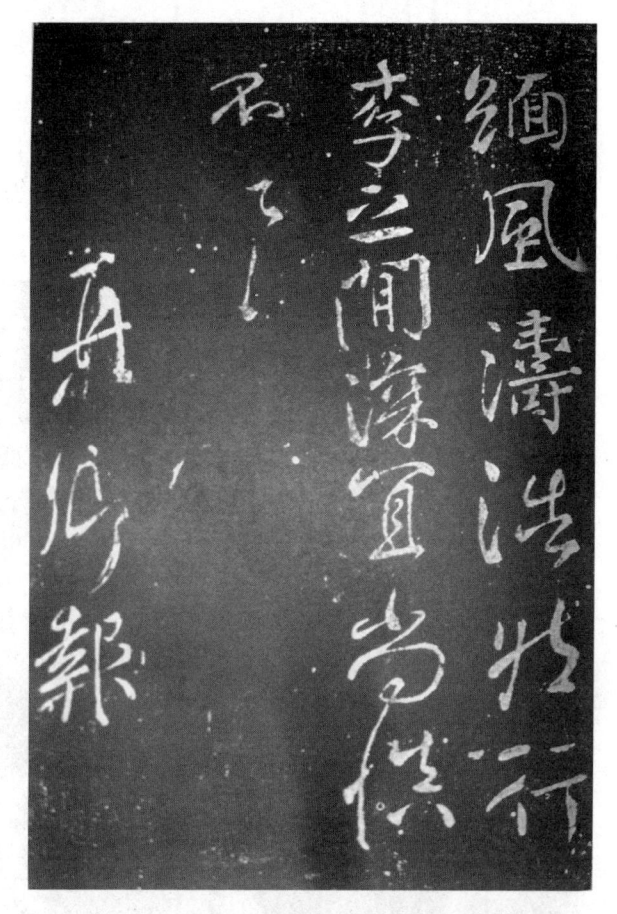

图 2-23 颜真卿《与蔡明远书》(局部)

城县麻姑山仙坛记》，对仙人王方平、麻姑的奇异道术推崇备至。

大历六年八月，颜真卿罢抚州任，回京途经宋州时，适逢其州刺史徐向为了禳祈报恩，替上司田神功设八关斋会，颜真卿应徐之邀撰书《八关斋会报德记》予以称颂。应怀素的恳请，为他所写了《怀素上人草书歌序》一文，怀素极称其草书之精绝。大历八年（773）正月，至湖州任所，得遇妙喜寺高僧皎然，二人一见如故。大历十一年（776），应李玄靖弟子韦景昭之请，为其师李玄靖撰写碑文，并于第二年五月正书刊石，立于茅山玉晨观。在湖州，颜真卿还与云游到此的著名道士吴筠过从甚密，皎然曾有诗《奉同颜使君真卿清风楼赋得洞庭歌送吴炼师归林屋洞》记述饯别情景。大历十三年（778）二月，颜真卿在西京奉命谒拜昭陵，过瑶台寺，作《使过瑶台寺有怀圆寂上人》诗，表达了对僧人圆寂的怀念

图2-24　颜真卿《麻姑仙坛记》（局部）

之情。

　　这一时期，颜真卿在书法艺术方面也取得了空前的成就，除了上文所述书作外，还有：赴饶州途经洛阳时，撰书《祭伯父濠州刺史文》；任饶州刺史时，有行书《送刘太冲序》；出贬蓬州，书《唐赠太常卿韦缜神道碑》；宝应元年奉诏入都，书《鲜于氏离堆记》；任检校刑部尚书、吏部尚书时，书《郭氏家庙碑》《颜元孙神道碑铭》；贬吉州，道经浔阳，书《吊烈士左伯桃墓诗》；在抚州，撰书《颜允南碑》《颜乔卿碑》《颜幼舆碑》《颜允臧碑》《殷践猷碑》《赠梁州刺史徐秀碑》，书《大唐中兴颂》等；罢抚州刺史、返洛阳途中，有《颜含大宗碑》《颜含碑》《颜默碑》《与夫人帖》《元结墓碑》等；在湖州时，有《吴兴沈氏述祖德记》《干禄字书》《湖州帖》《刘中使帖》等。

图 2-25　颜真卿《麻姑仙坛记》（局部）

## 九、卢杞专权　宣谕希烈

大历十二年（777年）三月，奸相元载伏诛，在中书侍郎杨绾和门下侍郎常衮的推荐下，颜真卿奉诏入朝，于八月甲辰到达长安，出任刑部尚书，时年已近七十。颜真卿自至德二年（757）扈从肃宗回长安，担任宪部尚书兼御史大夫以来，曾经三次被朝廷出贬。这次被任命为刑部尚书，是第四次执掌司法大权，也可以说是第四次入朝参与朝政。按照唐代的致仕制度，凡年七十者必须退休。于是颜真卿在出任尚书的第二年，就三次上书请求告老还乡，均被朝廷驳回。不久改任吏部尚书。大历十四年（779）五月，代宗去世，德宗即位。颜真卿又兼任礼仪使，参订朝廷礼仪，处置山陵事。曾上《请除素练听政奏》《请复七圣谥号状》《论元皇帝祧迁状》《更定婚礼奏》等奏章，并编次《元陵仪注》一书，于制定和更正朝廷礼仪上多有建树。建中元年（780），杨炎任宰相。他本是元载的余党，又不能容忍颜真卿的正直敢言，于是奏请德宗免去了颜的吏部尚书职务，任命他为太子少师，保留礼仪使。太子少师为正二品，虽然职位尊显，但并无实权。建中三年

图2-26　颜真卿《郭氏家庙碑》（局部）

(782），颜真卿为权臣卢杞所忌，八月改太子太师，虽位极人臣，实则徒具虚名。卢杞还千方百计想把颜逐出朝廷，曾派人去探询颜的态度，以出任哪一方面的节度使为宜。颜真卿听后十分生气，亲自到中书省衙门质问："真卿以褊性为小人所憎，窜逐非一。今已羸老，幸相公庇之。相公先中丞传首至平原，面上血真卿不敢衣拭，以舌舐之。相公忍不相容乎！"卢杞听了这话，戄然下拜，然而对颜真卿则益加衔恨。

安史之乱以后，各地节度使大部分是安禄山、史思明的旧部属。虽然朝廷宠恃加恩，但多心怀猜疑，他们连衡盘结，拥兵自固，修兵甲、整城池，独霸一方，且私征赋税，承继职位，终于形成地方割据势力，严重威胁唐王朝的统一。建中三年十一月一日，幽州节度使朱滔称冀王，魏博节度使田悦称魏王，淄青节度使李纳称齐王，恒冀观察使王武俊称赵王，以朱滔为盟主。十二月，原受命讨伐李纳的淮宁、平卢、淄青、兖郓、登莱、齐州节度使李希烈竟与李纳等勾结，

图 2-27 颜真卿《颜氏家庙碑》（局部）

占据许州，自称天下都元帅、太尉、建兴王。第二年正月，又攻陷汝州，包围郑州，威胁洛阳，士民为之震骇。德宗急召宰相卢杞商议安抚李希烈的办法，卢杞便趁机对德宗说："希烈年少骁将，恃功骄慢，将佐莫敢谏止；诚得儒雅重臣，奉宣圣泽，为陈逆顺祸福，希烈必革心悔过，可不劳军旅而服。颜真卿三朝旧臣，忠直刚决，名重海内，人所信服，真其人也。"德宗以为有理，就诏颜真卿以淮西宣慰使的身份前往许州宣慰李希烈。颜真卿明知这是卢杞排除异己的奸计，但想到朝廷的安危，他抱定以死报国之志，"受命之后，不宿于家，亲党不遑告别，介副不及陈请"，立即起程。

旨下，举朝为之失色。检校司徒李勉立即秘密上奏章给德宗，认为颜真卿此去很难生还，这样轻率地损失一位元老，贻国家之羞，建议立即召回。同时，李勉又派人在赴汝州途中拦截，但都未成功。颜真卿途经洛阳，河南尹郑叔曾加劝阻说："反状已然，去必陷祸，且须后命，不亦善乎！"颜真卿坚定地说："君命也，焉避之！"然后毅然前行。《颜氏家训》中有"诚臣徇主而弃亲，孝子安家而忘国，各有行也"的明训，颜真卿正是严守这种道德、气节，并以身许国，才在明知出使叛营必无归旋的情况下，还毅然弃亲，独赴国难。

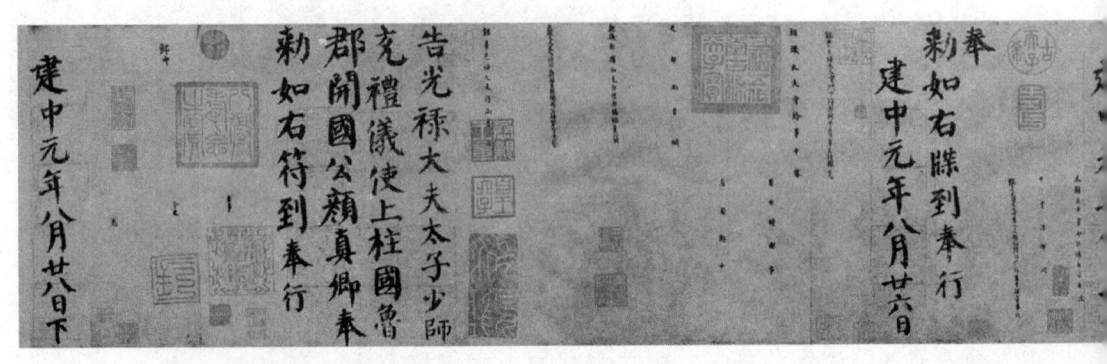

图 2-28　颜真卿《自书告身》（局部）

## 十、老臣尽节　血洒淮泗

建中四年（783）正月，颜真卿经洛阳南至许州，还未来得及宣谕诏旨，就被李希烈养子带着一千余人环绕四周，执刀辱骂。颜真卿凛然自若，足不移，色不变。李希烈见状，遂遽然而出，假惺惺地喝退众人，以礼相待。李希烈原先并不想禁留颜真卿，而是希望颜真卿宣慰之后，回京能为他说话。当他礼送颜真卿回京之际，适值降官、原汝州别驾李元平在座。李元平系皇帝宗室，被李希烈擒获后拱手投降。此前，李元平曾劝颜真卿归顺，颜真卿厉声叱责："尔受国委任，不能致命。顾吾无兵戮汝，尚说我耶！"在这次饯行宴会上，颜真卿又毫不留情地斥责他背主失节。李元平恼羞成怒，便怂恿李希烈留下颜真卿，李希烈改变主意，将颜真卿软禁在许州。

是时，号称"四王"的朱滔、王武俊、李纳、田悦各派遣使者前来许州，向李希烈上表称臣，劝他自立为皇帝。李希烈便对颜真卿说："四王见推，不谋而同。岂吾独为朝廷所忌，无所自容耶？"颜真卿义正词严地说："此乃四凶，何谓四王！相公不自保功业，为唐忠臣，乃与乱臣贼子相从，求与之同覆灭耶！"说得李希烈面红耳赤，无言以对。几天后，李希烈宴请四家使者，请颜真卿作陪。席间，优伶们的表演大肆侮辱朝廷，颜真卿非常气

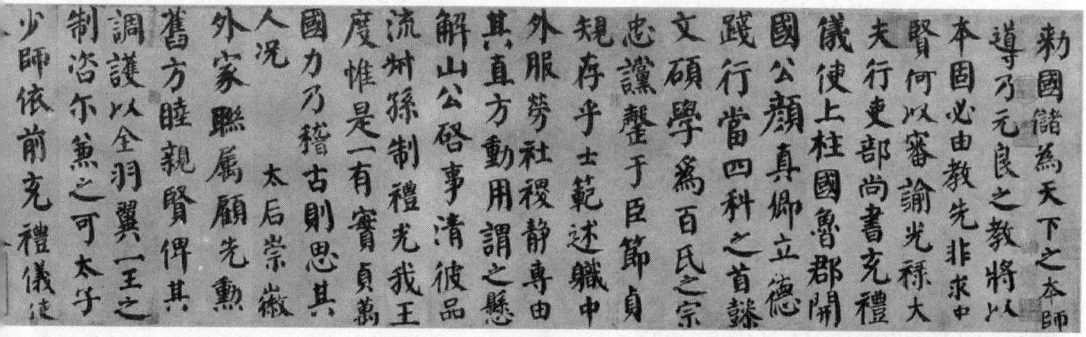

图2-29　颜真卿《自书告身》（局部）

愤,他当众指责李希烈:"相公,人臣也。奈何使此曹如是乎?"说罢拂袖而起,李希烈忙叫优伶们退下。这时候,四家使者注视着颜真卿对李希烈说:"闻太师名德久矣,相公欲建大号而太师至,非天命正位!欲求宰相,孰先太师乎!"颜真卿正告他们说:"是何宰相耶!君等闻颜杲卿无?是吾兄也!禄山反,首举义兵。及被害,诟骂不绝于口。吾今年向八十,官至太师,守吾兄之节,死而后已,岂受汝辈诱胁耶!"举座失色,不敢复言。李希烈见劝诱不成,乃拘囚鲁公,令士兵十人守禁,并在庭前掘一方丈大坑,声称要将其活埋。颜真卿恬然见希烈,说:"死生有定,何足多端相侮哉?但以一剑见与,公即必睹快事,无多为也。"

不久,淮西应援招讨使张伯仪战败于阳翟,李希烈令人携带他的旌节和死难将士的首级送至囚室,夸示自己的战绩。颜真卿见状,悲愤交集,恸哭投地,良久方苏,从此遂不与人言。当是时,李希烈部将淮宁都虞侯周曾、镇

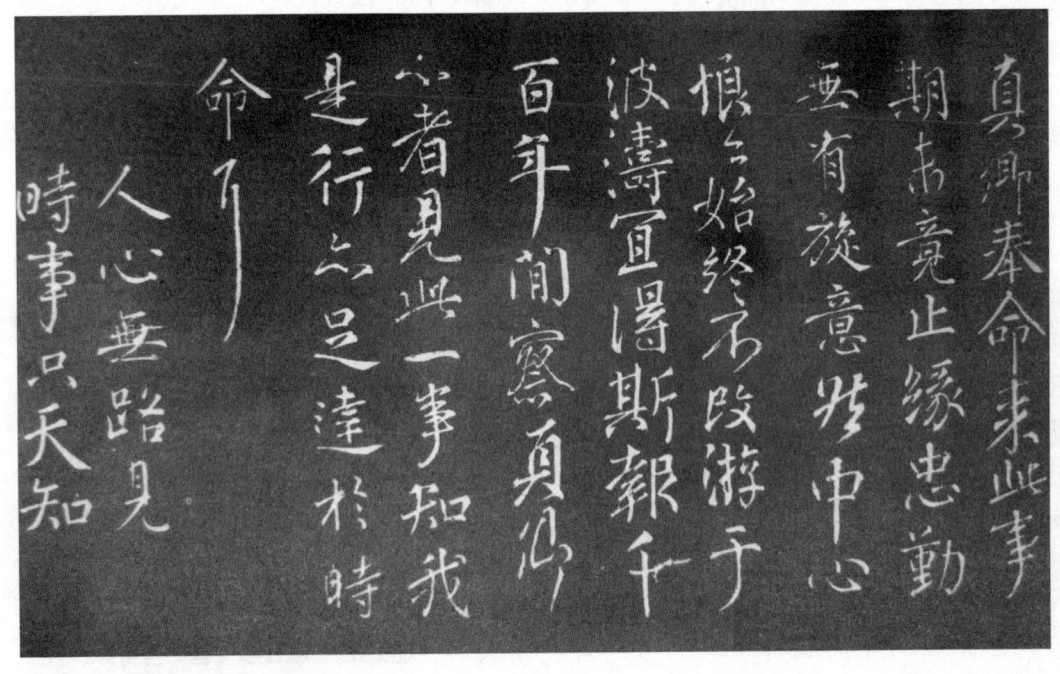

图2-30 颜真卿《奉命帖》(局部)

遏兵马使王玢等人，已与唐军联络，准备谋杀李希烈，以颜真卿为节度使，归顺朝廷。事泄，李希烈派遣三千骡子军偷袭周曾，周曾等人皆被戮杀。李希烈因此将颜真卿执送到蔡州，并囚禁在龙兴寺中。

兴元元年（784）十二月，李希烈攻下汴州，遂谋称帝，曾遣人向颜真卿询问即皇帝位的礼仪。颜真卿严正地回答说："老夫耄矣，曾掌国礼，所记者诸侯朝觐礼耳。"李希烈接着自封为皇帝，国号大楚，改元武成。事后派人到颜真卿的囚所，堆积起干柴，并浇之以油，把火点燃后威逼颜真卿，说："不能屈节，当自焚。"此时颜真卿早已置生死于度外，闻声昂然走向火堆，使者惶惶然惊惭交臻，急忙加以拦阻。贞元元年（785）正月十九日，颜真卿写下了《移蔡帖》，这是他平生最后一件书法作品。在帖中，颜真卿无限悲愤而又坚定地写道："天也，天之昭明，其可诬乎！有唐之德，则不朽耳！"表达了对平定叛乱的必胜信念和对朝廷的无限敬仰之情。

图 2-31　颜真卿《移蔡帖》（局部）

自兴元以后，王师复振，这年五月收复京师，斩伪汉王党羽李希倩。李希倩是李希烈的弟弟，李希烈闻兄弟被杀，勃然大怒，八月十三日，派人到蔡州龙兴寺缢杀颜真卿。临刑前，李希烈部将辛景臻和太监宫翌等对颜真卿说："有敕！"颜真卿急忙跪拜。辛又说："宜赐卿死！"颜真卿说："老臣无状，罪当死。然不知使人何日从长安来？"辛等回答："从大梁来。"颜真卿愤怒地说："乃逆贼耳，何敕耶！"说罢从容就义，年七十七岁。颜真卿殉难后，德宗皇帝辍朝五日，以示哀悼，并诏赠颜真卿为司徒，谥号"文忠"。

图 2-32　坐落在河南省偃师市山化乡汤泉村的颜真卿墓

# 第三章 书法编

## 一、书法师承

作为一个集大成的书法家,颜真卿继承发扬前人的书法艺术成就,加以个人的审美追求,融入时代的文化风貌,创造性地纳古法于新意,最终形成了其雄强博大的书风。

从中国传统的书法艺术风格来看,颜真卿善于在周秦篆籀和汉隶的笔意中融入楷、行、草书,从而形成其独特的书风。元郝经《书磨崖碑后》诗即指出颜真卿"正书篆玉藏李斯,出笔存锋兼汉隶"。清王澍《虚舟题跋》也具体阐述了颜真卿"每作一字,必求篆籀吻合,无敢或有出入。匪惟字体,用笔亦纯以之,虽其作草,亦无不与篆籀相准。自斯、喜来,得篆籀正法者,鲁公一人而已"。民国年间著名书法家马一浮也说:"颜鲁公以忠义大节,极古今之正,援篆入楷。"我们确实可以在传世的古篆籀碑帖中探索到颜书的渊源。在传世金文中,以西周厉王时期的《散氏盘铭》为雄强书风的典范。其用笔纯以中锋裹毫而行,起笔藏锋,收笔回锋,圆笔而富于立体感。结构或方正,或扁阔,或向右下欹斜,随意所之,美尽天然。在章法

图 3-1 散氏盘铭(局部)

图3-2 《张迁碑》（局部）

与气韵上，忽开忽合，忽张忽弛，粗放而含蓄，稚拙而厚重。尤其左右开张的气势，已开隶书的先河。其重心下移，左右环抱的意态已启颜楷、行、草书圆浑厚重的风格。颜书的"篆籀气"和"锥画沙""印印泥""屋漏痕"等特点，都可以从《散氏盘铭》中溯其渊源。

颜书"纳古法于新意之中"的一大成果，就是将隶意纳入楷、行、草书之中而出以新意，形成崭新的独特风格。这从东汉建宁年间的《衡方碑》、中平年间的《张迁碑》等隶书碑刻中，可追寻到颜体雄强博大书风的根源。关于《衡方碑》，翁方纲曾指出："是碑书体宽绰而阔，密处不甚留隙地，似开后来颜真卿正书之渐矣。"杨守敬亦云："此碑古健丰腴，北齐人书多从此出。"《张迁碑》于方正古朴中显其雄强壮阔。明王世贞赞誉其"典雅饶古趣"。康有为也说："《张迁表颂》笔画直可置今真楷中。"从这些碑刻中都可以找到颜体书法的影子。

南北朝至隋朝时期的碑刻，尤其是北朝的碑刻，是颜真卿书法渊源的另一个重要的脉络。这一时期的碑刻，尤其是北朝碑刻，大都与汉隶衔接，由隶向楷过渡。有代表性的主要有梁天监年间陶弘景所书《瘗鹤铭》，北魏正光年间的《张猛龙碑》之碑阴，以及《泰山金刚经》《文殊般若经》《曹植庙碑》等。颜真卿的楷书吸取了这些碑刻的精神与隶书笔意。朱关田在《唐代书法考评》中进一步指出："寻味他那种厚重的用笔，茂密的布白，沉浸郁勃的神韵，大都胎息于两汉隶碑，非初唐诸家所有。"

《瘗鹤铭》古拙奇峭，雄伟飞逸。宋黄庭坚在《黄山谷论书》中多次赞誉此碑刻，称其为"大字之祖"，又云："欧阳公以鲁公书《宋文贞碑》得《瘗鹤铭》法，详观其用笔意，审如公说。""《瘗鹤铭》惟颜鲁公《宋开府碑》瘦健清拔，在四五间。"清包世臣《艺舟双楫》评云："杭州龚定庵藏宋拓《八关斋》七十二字，一见疑为《鹤铭》，始知古人《鹤铭》极似颜书之说有故。"康有为《广

图3-3　《瘗鹤铭》（局部）

图 3-4 《张猛龙碑》（局部）

艺舟双楫》也说："鲁公书如《宋开府碑》之高浑绝俗，《八关斋》之气体雍容，昔人以为似《瘗鹤铭》者，成为绝作。"这些评论，都说明了颜体书风与《瘗鹤铭》的师承关系。

《张猛龙碑（阴）》行书14行，清杨守敬称其"流宕奇特"。康有为评云："《张猛龙碑（阴）》笔力惊艳，意态逸宕，为石本行书第一。"清阮元《研经室集》在评论颜真卿行书的由来时指出："北魏《张猛龙碑》后有行书数行，可识鲁公书法由来矣。"清毕沅《中州金石记》评云："《齐太公吕望表》穆子容书之刻石，书法方正，笔力透露，为颜真卿蓝本，魏晋刻石之字，无能比其二者。"康有为亦言："鲁公专师穆子容，行转气势，毫发毕肖，诚嫡派也。"山东宁阳县的《水牛山文殊般若经》摩崖石刻，字径二十厘米；刻于山东泰安的《泰山经石峪金刚经》，字径五十厘米左右，皆北齐高僧安道壹所书带有浓厚隶意的楷书。清杨守敬评《文殊般若经》的书法云："原本隶法，出以丰腴，有一种灵和之致。"梁启超《碑帖跋》赞曰："此刻结体用笔，颇多与经石峪相近，其为同时无疑，但其渊懿茂密之气，确远出诸摩崖上。"赖非先生在评价北朝摩崖刻经时指出："此刻经用笔扎实精到，深厚圆健，结体洞达爽垲，八面沉稳……对后世影响很大，颜真卿书本出于此风。"对于《泰山金石峪金刚经》，书法界的评价更高。杨守敬评云："北齐《泰山金石峪金刚经》以径尺之大书，如作小楷。纡徐容舆，绝无剑拔弩张之迹，擘窠大书，此为极则。"康有为则评此刻雄浑古穆，宽绰有余。《曹植庙碑》总体来说是楷书，但却以篆隶相糅杂，其中篆字达四十多个。杨守敬评云："用笔本之齐人，体兼篆隶则沿北碑习气，然其笔法实精，真有篆隶遗意。"康有为则曰："快刀砍阵，雄快峻劲者，莫若《曹子建碑》矣。"沙孟海先生指出："《曹植庙碑》其中参篆隶……颜真卿《裴将军诗》其中掺杂行草，亦其遗意。"

　　颜真卿从钟繇、王羲之、褚遂良、张旭等书法名家那里师承优秀书法传统。钟繇师承蔡邕、刘德升，其楷法仍存汉隶古意。宋《宣和书谱》云："钟繇《贺克捷表》，备尽法度，为正书之祖。"清翁方纲指出："钟书在王前者，正在其存隶体耳。"颜真卿师承钟繇，虽然书法文献上少有记述，但在书法体势与风格的脉络上，却是明显

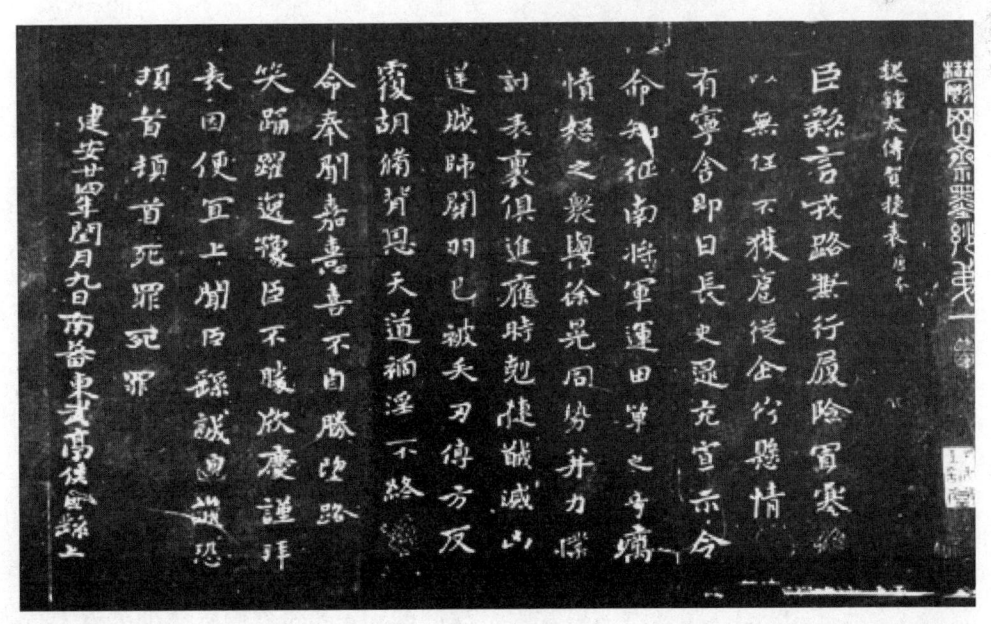

图3-5　钟繇《贺克捷表》

图3-6 褚遂良《伊阙佛龛碑》（局部）

的。书法自魏晋、南北朝至隋唐，大体有"斜画紧结"和"平画宽结"两种体势，但两者绝非截然分开，只是各有所重，而在演化中时而互有变异，时而互相融合。"二王"法书与北魏碑刻以"斜画紧结"为多，钟繇法书与北齐、北周刻石则以"平画宽结"为多。至隋唐，由于国家的统一，多种体势、风格又逐步融合。至盛唐由褚遂良到颜真卿，"平画宽结"的体势已居于主流，可说是遥接钟繇楷书"存隶意"的体势与笔意。尤其颜真卿远承汉隶遗意，中取北齐、北周、北魏由隶转开楷势，近师褚遂良笔意，都是上溯钟繇"存隶体"与"平画宽结"的源头，并加以创新发展，从而创出熔铸南北书风于一炉的"颜体"书法。东晋的王羲之和本朝的褚遂良及同时代的张旭等名家书作更是对颜真卿书风的形成产生了重要的影响。宋黄庭坚《黄山谷论书》指出："颜鲁公自成一家，然曲折求之，皆含右军父子笔法。"又云："颜鲁公、杨少师得《兰亭集序》用笔意。"宋苏轼也说："颜鲁公生平写碑，惟《东方朔画赞》为清雄，字间栉比而不失清远。其后见逸少本，乃知鲁公字字临此，书虽大小相悬而气韵良是，非自得于书未易为此言也。"颜真卿初期所书《郭虚己》《多宝塔》《东方朔画赞》，明显地保留于"二王"以及欧、虞楷书"斜画紧结"的遗意，其后又学褚遂良，乃渐变为"平画宽结"的风貌。宋欧阳修《金石录》云："颜鲁公书法出于褚河南，此《宋文贞公碑》瘦润圆劲，尤得神髓。然细玩数千言无笔不似而绝无一点褚家习气，所谓鲁男子善学柳下惠是也。"沈尹默先生在其《论书丛稿》中也说："颜平原出于褚河南，其楷书结体端严，往往犹有《伊阙佛龛碑》之风格。"至于颜真卿向张旭请教书法要诀，则是他自己多次提到的。他在《怀素上人草书歌序》中说道："吴郡张旭长史虽姿性颠逸，超绝古今，而楷法特为真正。真卿早岁尝接游居，屡蒙激劝，教以笔法。资质劣弱，又婴物务，不能恳习，迄用无成。追思一言，何可复得。"表明了颜真卿向张旭请教学习书法是怀着十分谦虚和虔诚的态度的。

颜真卿善于从民家书法作品中发现书法精神，汲取其中的艺术营养，从而形成自己的书法艺术风格，这也是颜真卿书法艺术的一个渊源。我们可以从吐鲁番出土的《左幢熹买奴契》的粗拙行书中看到同颜真卿行书文稿相近的风格。将楼兰残纸中一件仅剩二十四字的残破墨迹中的"敦""备""来""图""还""得"等字，移入颜真卿行书墨迹中，所以看出风格也是极为相近的。除了民间的简牍书法外，颜真卿也很重视从民间的刻石书法中汲取丰富营养。较为显著的如东晋永和元年（345）七月刻的《颜谦妇刘氏砖志》、北魏正始四年（507）三月刻的《元鉴墓志》等。《颜谦妇刘氏砖志》楷书中有浓厚的隶书遗意，中锋运笔，质朴劲健，字形或方或扁或长，随意而为，具粗头乱服的率真之美。朱关田先生在论述颜真卿书法风格的渊源时说道："魏晋以

图3-7 褚遂良《伊阙佛龛碑》（局部）

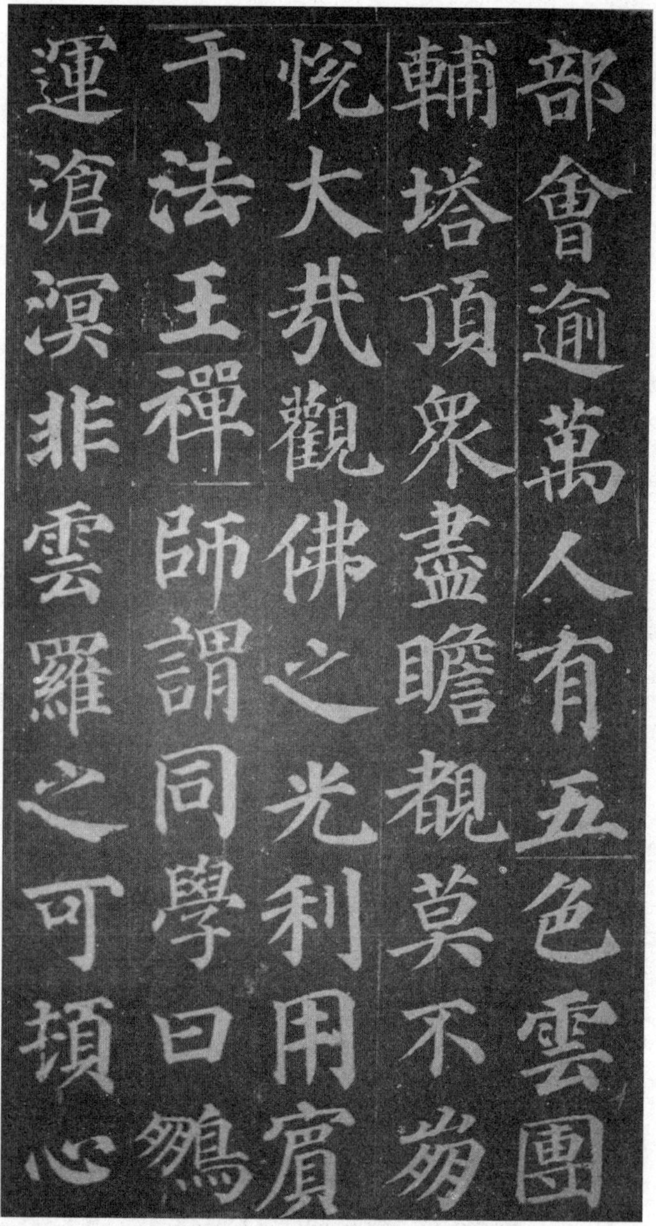

图3-8 颜真卿《多宝塔碑》(局部)

来，我们可以从诸如《颜谦妇刘氏砖志》等碑版中，找到与颜真卿书体中某些风格相近的地方。可以说是颜书的先河。"《魏武昌王元鉴墓志》现存西安碑林博物馆，楷书而略带行书体势，书者一人而刻工前后二人，前半刻工粗劣，后半刻工精良。其书法用笔方中带圆，点画拙朴肥厚，昂扬飞动，具分隶遗意和行书气势，为魏志所罕见。颜真卿《鹿脯》《送刘太冲》等帖体势与之极为相近。

## 二、书法艺术风格

### 1. 颜真卿的楷书

颜体楷书代表了唐代书法的最高成就。唐初楷书宗王羲之，欧（阳询）、虞（世南）、褚（遂良）、薛（稷）四大家学王而各有变化，自成面貌，卓有成就，初现唐风，但是仍在王羲之笼罩之下。褚遂良影响最大，然而学其书者渐生弊端，从贞观、永徽到盛唐这一百多年中，王褚二体《圣教序》陈陈相因，大为流行，虽字写得纵极精工，然而已成了缺乏风韵的院体书。时至中唐，文学艺术新思想勃起，才人辈出，书学也如日中天。颜真卿革故鼎新，融会秦汉的郁勃神韵、两晋的古朴优美、北朝的雄浑气质、唐初的秀逸风雅、中唐的肥劲宏博,转益多师,博采众长,祛尽虞、褚娟娟之习,一改为以秀劲取姿、欹侧取势的圣教书风,创造出大气磅礴、雄强博大、丰伟遒劲、浑厚朴茂的"颜体"。"颜体"集魏晋以来诸家之大成,把楷书书法艺术推向了新的高峰。苏轼说:"颜鲁公书雄秀独出,一变古法,如杜子美诗,格力天纵,奄有汉、魏、晋、宋以来风流,后之作者,殆难复措手。"又说:"君子之于学,百工之于技,自三代历汉至唐而备矣。故诗至于杜子美,文至于韩退之,书至于颜鲁公,画至于吴道子。而古今之变,天下之能事毕矣。"颜体是博大宏伟的盛唐时代风貌的完美体现,达到了唐代书法艺术的顶峰。

在笔法上,颜体将中锋与藏锋结合,起笔方圆并用,藏锋逆入,收笔时多停顿收锋,笔画具有节奏感。悬腕时使用外拓笔法,贯注篆籀气息,着力于点画的起止,转折时提笔中含暗过,造成"折钗股""屋漏痕"的笔画形态,如锥画沙,如印印泥,以显笔画的厚重感和力量感。横轻竖重、

图 3-9 颜真卿《东方朔画赞碑》(局部)

图 3-10　颜真卿《八关斋会报德记》（局部）

横细竖粗，略带弧形，轻细者笔画圆劲，粗重者饱满，变化多姿，互相结合而筋力内含，故有"颜筋柳骨"之说。笔画之间，似断还连，形成笔势的呼应。

在结体上，晋人、唐初各家左紧右舒、右肩稍耸，呈欹侧之势，以求意趣妍媚。颜体吸收篆书的特点，改变了欹侧的结构，左右对称，平稳端正，质朴厚重，有法度可循，因而具有庄重正大、浑厚雄伟的气度。左右的重点竖画，向内略带弧形，呈包围之势，似拉满的弓弩，包含了巨大的弹力，使得整个结构更加圆紧遒劲、气势开张。所以米芾在《海岳名言》说："颜真卿如项羽按剑，樊哙排突，硬弩欲张，铁柱将立，昂然有不可犯之色。"颜书的结体还有不同的意趣：一是重心居中，形体多为方形；一是重心偏上，字形多偏长。前一种如《麻姑仙坛记》《颜氏家庙碑》；后一种较多，如《东方朔画赞碑》《颜勤礼碑》等。重心居中的，视觉上感到重量下压，显出较多的拙朴意趣；重心偏上的，形体高大俊美，于雄浑中显出妍丽之色。

在墨法上，唐初各家不论正楷、行书，一概追求高华秀润，行笔间显得灵动姿媚。颜书运墨却苍润兼施，行草书更间有渴笔，很能表达质朴而豪迈的气概。清王澍评论颜书时说："魏、晋以来，作书者多以秀劲取姿，欹侧取势。独至鲁公不使巧，不求媚，不趋简便，不避重复，规绳矩削，而独守其拙，独为其难。"（《竹云题跋》）

颜真卿传世的碑版文稿，大、中、小三样字体俱全，正、草、行三种书体齐备，风貌种种，各不相同。其楷书风格因时因地因情而变。一般说来，《颜勤礼碑》丰神饱满，用笔奇伟；《大唐中兴颂》意气风发，宏伟浑厚；《颜氏家庙碑》大书深刻，庄重遒劲，综合成颜真卿刚健雄浑的代表书风，然而其中也不免流露出风雅秀逸的气韵；《宋广平碑》宽博疏朗，方正虚和；《麻姑仙坛记》虽无雄浑之气，却持重舒和，秀逸超举，神采顿殊。这既说明颜真卿的书法艺术是随着他年岁的增长、笔力的老劲、技艺的熟练、书写经验的积累、表现手法的丰富而逐渐炉火纯青、人书俱老，也说明颜真卿的书法艺术风格常常因为书写内容的不同，书写情绪和目的、对象的差异，产生着不同的艺术效果。颜真卿善写大字，撮管悬腕，粗锋饱墨，如意挥洒，各具神态。今人马宗霍评价说："颜真卿纳古法于新意之

图 3-11 颜真卿《颜氏家庙碑》（局部）

中，生新法于古意之外，陶铸万象，隐括众生，与少陵之诗、昌黎之文，皆同为起八代之衰者。"（《书林藻鉴》）汉、晋古法，至颜一变。

## 2. 颜真卿的行草书

关于唐代书法的整体评价，前人有"唐人尚法"之概括，这种概括主要适用于楷书。在重视法度的同时，唐人也强调个性情感的抒发宣泄，亦即"尚情"，这主要体现了行草书的审美特征。张旭、怀素的草书是唐代草书的典范，颜真卿曾师从张旭学习笔法，运用于行草，亦得真传。《新唐书》本传曰："善正、草书，笔力遒婉，世宝传之。"颜真卿善行草书，也得后人公认。

行书大家首推王羲之，其代表作《兰亭集序》被誉为天下第一行书。颜真卿又是一位行书大家，现存作品中，其行楷与行草的篇数大致相当。颜真卿的行草书有驰骋挥戈、拔剑起舞的叱咤气概，造诣极深，自有境界，和而不流，威而不猛，既不同于六朝那种超逸优游、风行雨散的行书，也不同于张旭、怀素的惊电飞流、龙奔蛇突的狂草。颜真卿往往融楷、隶、篆、籀于行草中，运用中锋、藏锋、转锋于线条内，取笔画的苍劲奇崛，得字形的诡异飞动，化墨色的浓淡枯润，去挥发豪放雄健的英气。

颜真卿的行草书，流传下来的数量不算很多，据历史学家蒋星煜在《颜鲁公之书学》中说，可考者有三十八

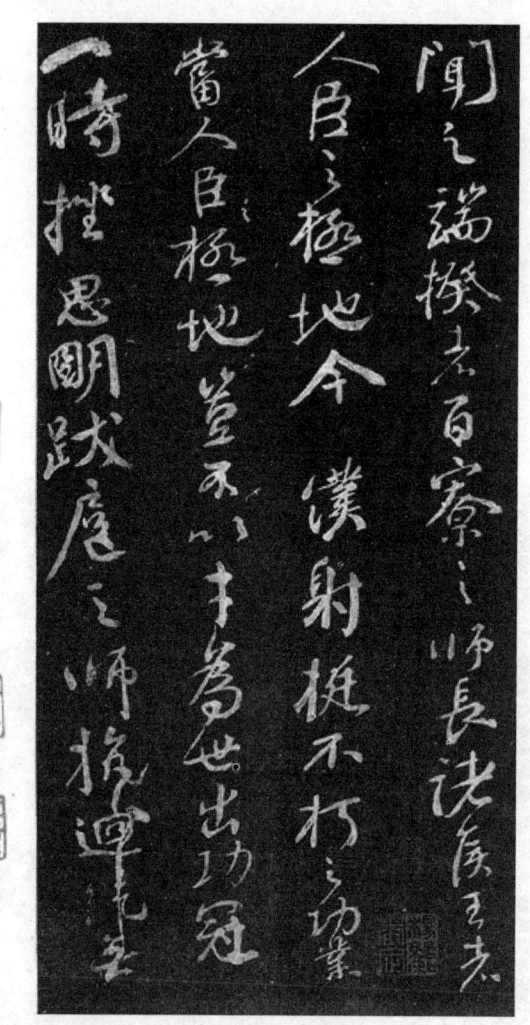

图 3-12 颜真卿《争座位帖》（局部）

件。朱关田主编的《中国书法全集·颜真卿》共收入三十件（包括墨迹和刻帖）。这些作品各个时期都有，见于著录最早的是天宝十五载（756）的《修书帖》，最晚的是其被害前的《奉命帖》（783）。从字体看，行楷书与行草书参半。

对颜真卿的行草书，历代书家评价极高。苏轼曾说："比公他书尤为奇特，信乎自然，动有姿态。"明项穆说："颜清臣虽以真楷知名，实过厚重。若其行真如《鹿脯帖》，则行草如《争座位帖》《祭侄帖》，又舒和遒劲，丰丽超动，上拟逸少，下追伯施，固出欧、李辈也。""鲁公之行草，率更之真书，长史之飞草，所谓出类拔萃，固非随波逐流者也。"清杨守敬在《学书迩言》中说："行书自右军后，以鲁公此帖（《争座位帖》）为创格，绝去姿媚，独标古劲。何子贞至推之出《兰亭》上。"连对颜体楷书持否定态度的米芾也认为"颜鲁公行字可教"。他对《争座位帖》推崇之

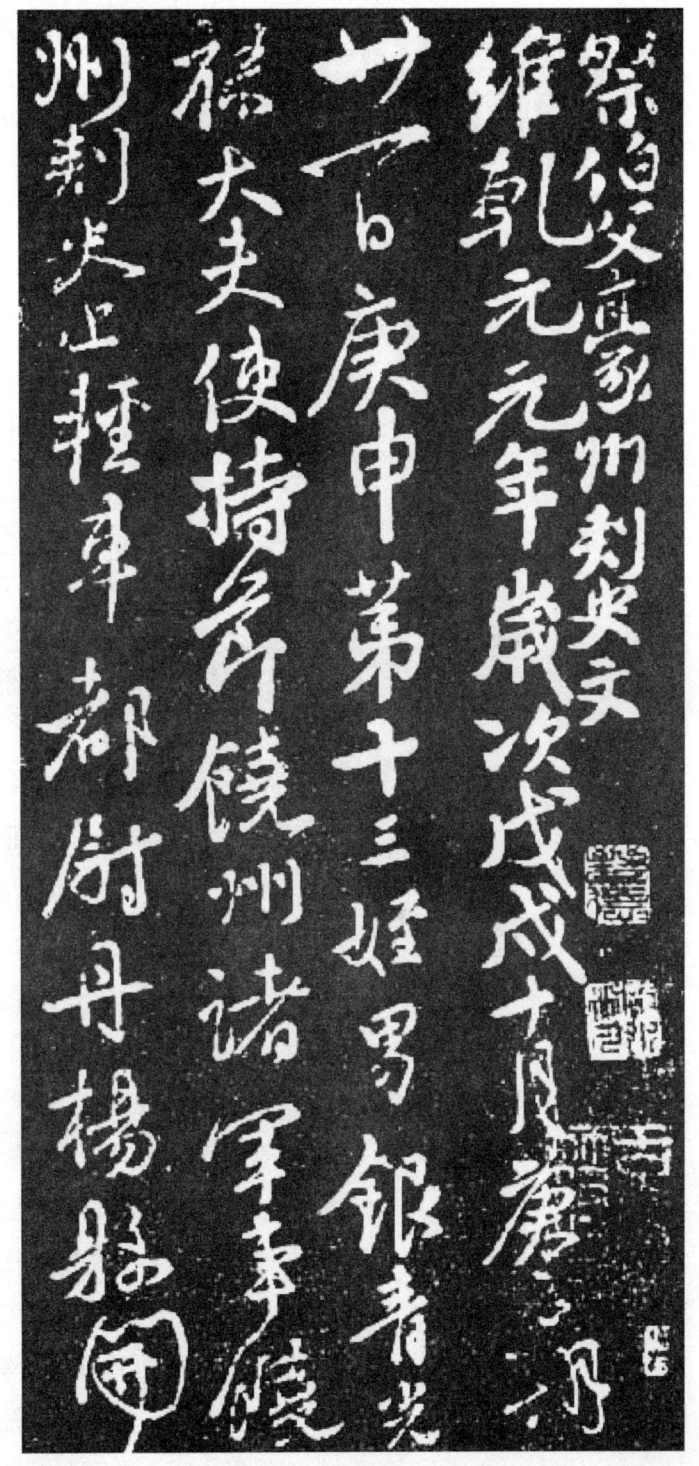

图3-13　颜真卿《祭伯父文稿》（局部）

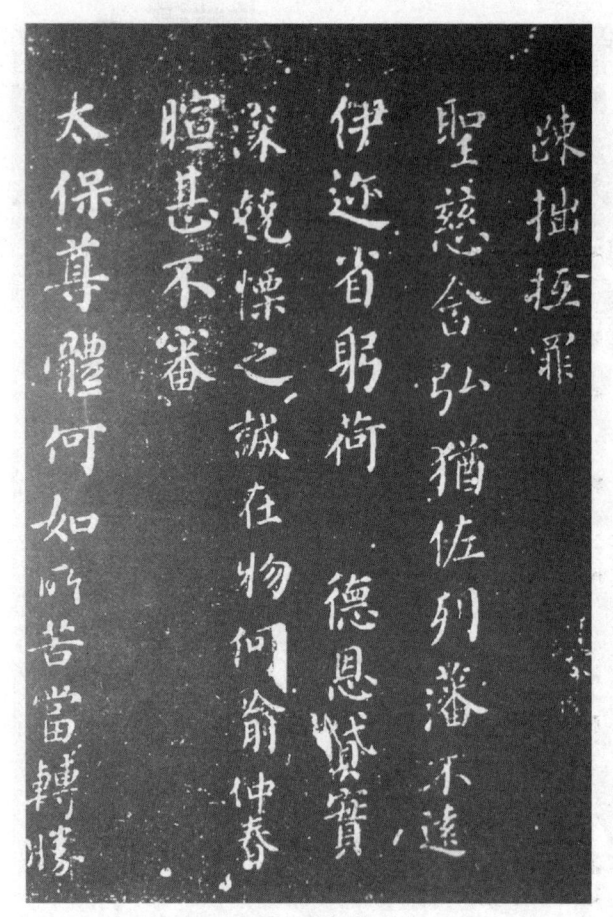

图3-14 颜真卿《硖州帖》（局部）

至,说:"此帖在颜最为杰思,想其忠义愤发,顿挫郁屈,意不在字,天真罄露在于此书。"

从历代书家评论看,颜真卿的行草书代表作品有《祭侄季明文稿》(758)、《祭伯父文稿》(758)、《争座位帖》(764)、《与蔡明远帖》(759)、《送刘太冲序》(772)、《刘中使帖》(775)、《送裴将军诗》(无年月)等。其特点有三:一是用笔奇特,用笔中含有篆籀气韵,改方为圆,前锋外拓,富有弹性,与王羲之用笔迥异;二是结体自然,无雕琢痕迹,舒和遒劲,自然朴实;三是字势英爽,一点一画顾盼有情,丰丽超动,神采焕发。

颜真卿的行草书从魏晋时代清玄超迈的"韵",转变到"止乎礼"的"情",充分体现了"诗言其志,歌咏其声,舞动其容,书迹其情"这种文学艺术的表现规律。

### 3. 颜真卿的艺术风格

中国书法史上的两座丰碑,两位杰出伟大的书法宗师——王羲之和颜真卿,都不仅是以其书法艺术而辉映千古,而且是以其人格魅力而流芳百世,他们高尚的人格魅力和杰出的艺术成就,都闪烁着中华民族伟大民族精神和优秀文化传统的光辉。王羲之博学多识,富有政治远见,曾任右军将军,但因他骨鲠直言的性格,不愿在腐败的东晋朝廷里为官,而宁愿到地方任职。在会稽内史任内,王羲之十分关心百姓疾苦,深入民间巡察,开仓赈灾,救济灾民。又严查贪官污吏,对偷盗国库粮仓者严令惩办。同时，奏请朝廷减征灾区赋税，解救灾民的困苦。颜真卿生活在大唐盛世逐渐衰微的时期，经历了安史之乱和几代帝王的更迭，他一生波涛汹涌、风雷激荡的政治与军事斗争经历，更显艰险、壮烈。中华民族伟大民族精神在他身上的体现，也更加熠熠生辉、照耀万代。他的人格魅力，在历代书法家中堪称典范。

　　中华民族的民族精神和优秀的文化传统，孕育了颜真卿的浩然正气。颜真卿秉承儒家治国安民的理念，遵循"清白爱民"的祖训，每到一地任职，都是深入民间调查研究，了解百姓生活疾苦，兴建公益设施，发展生产事业，减轻徭役、废除苛政、平反冤狱、整肃治安、敷扬文教、奖掖人才。所到之处，深受百姓爱戴。《新唐书》对颜真卿的一生评价道："立朝正色，刚而有礼，非公言直道不萌于心。"他为官清正廉洁，拙于生事，身居吏部尚书高官时，家境竟贫困到连三餐稀饭也难以为继，不得不向好友"乞米"渡过难关。正因为立身清正，所以能无私无畏，刚正不阿，不仅鄙视趋炎附势之徒，而且始终不屈不挠

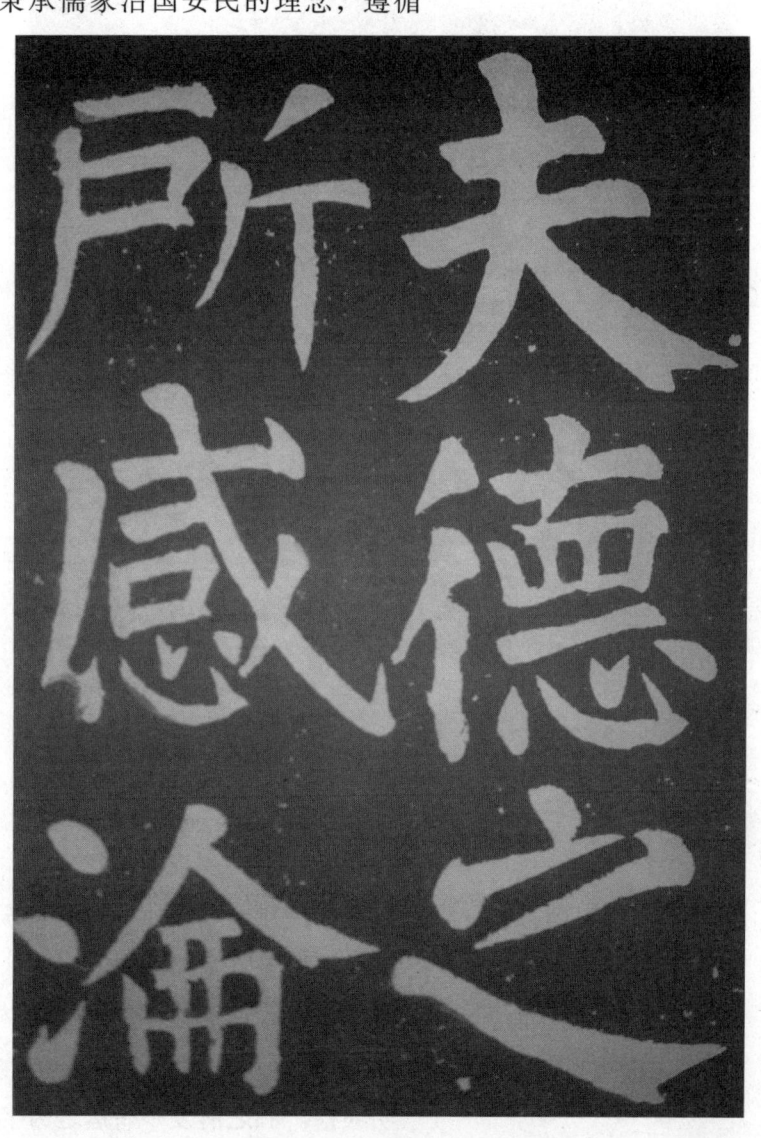

图3-15　颜真卿《八关斋会报德记》（局部）

图3-16 颜真卿《东方朔画赞碑》(局部)

地同破坏朝廷纲纪的奸臣及分裂国家的叛将做坚决斗争,甚至上疏批评皇帝。因此屡遭报复,三次被贬谪出朝廷。在七十七岁高龄时,甘赴国难,身入虎口而忠贞不屈,怒斥叛贼而壮烈殉国。

中华民族伟大民族精神不仅孕育了颜真卿的浩然正气,而且升华、外化为颜真卿书法风格的磅礴大气,这种浩然正气和磅礴大气,是颜真卿雄强博大书风的脊骨和灵魂。宋沈作喆《寓简》云:"昔人谓佞人书迹,入眼便有睢盱侧媚之态,惟恐其污人不可近也。予观颜平原书凛凛正色,如在庙廊直言鲠论,天威不能屈。至于行草,虽纵横超逸,犹不失正体,未必翰墨全类其人也。人心之所尊贱,油然而生自然见异耳。"

自西汉扬雄《法言》提出"书,心画也"的立论之后,书法理论中"字如其人"之说,历代多有阐发。如汉末蔡邕"禀乎人性"之说,唐柳公权"心正笔正"之说,宋欧阳修"兼取其为人"之说,姜夔"与精神通"之说,明项穆"心之所发……运之为字画"之说,清刘熙载"本与心行""性格为本"之说,等等。所谓"字如其人"是很有道理的。然而，人之内心世界的外在表现是复杂多样的，也不能把"字如其人"绝对化。有的人内在思想、性格、气质稳定而坚强，审美情趣的取向既有稳定性又有多样性，表里之间有时略显差异，"字如其人"就不全明显；还有的人内在思想、性格、气质和审美情趣的取向复杂多变，有时甚至故意做作，表里不一，字与人之间便出现扭曲、矛盾的表象。颜真卿的字与人的关系，主导精神强烈，表里如一，高度一致，历代公认且崇敬之为"书如其人"的典型。

颜真卿磅礴大气的书法风格除了来源于他的人格魅力之外，还源于中华民族优秀文化传统的包容精神和革新精神上。古《易经》中著名的一段话正是强调这两种精神："天行健，君子以自强不息；地势坤，君子以厚德载物。"只有勇于创新，才能自强不息；只有善于包容，才能厚德载物。而"潮平两岸阔，风正一帆悬"的大唐盛世，更为这两种精神的发扬提供了广阔、丰沃的土壤和灿丽、充沛的阳光雨露，使盛唐文化在开放兼容和改革创新两种精神活力的滋润与推动下，呈现出恢宏博大的气魄、格局和蓬勃

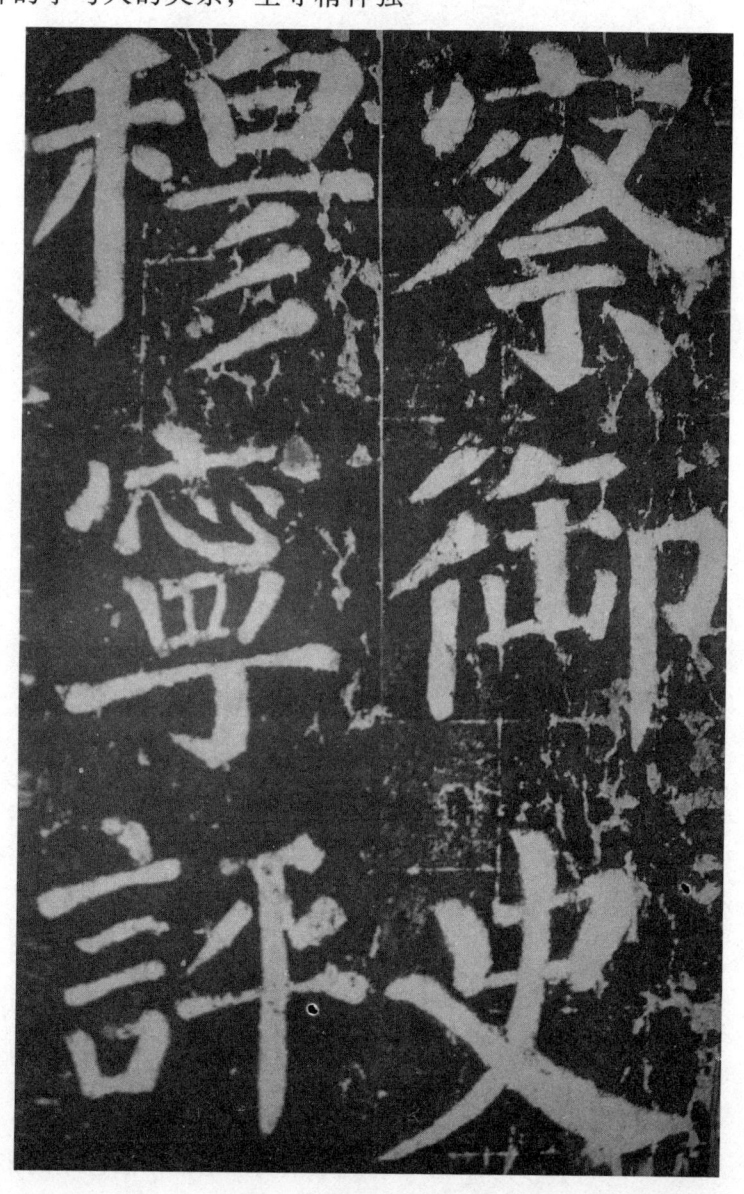

图 3-17　颜真卿《谒金天王祠题记》（局部）

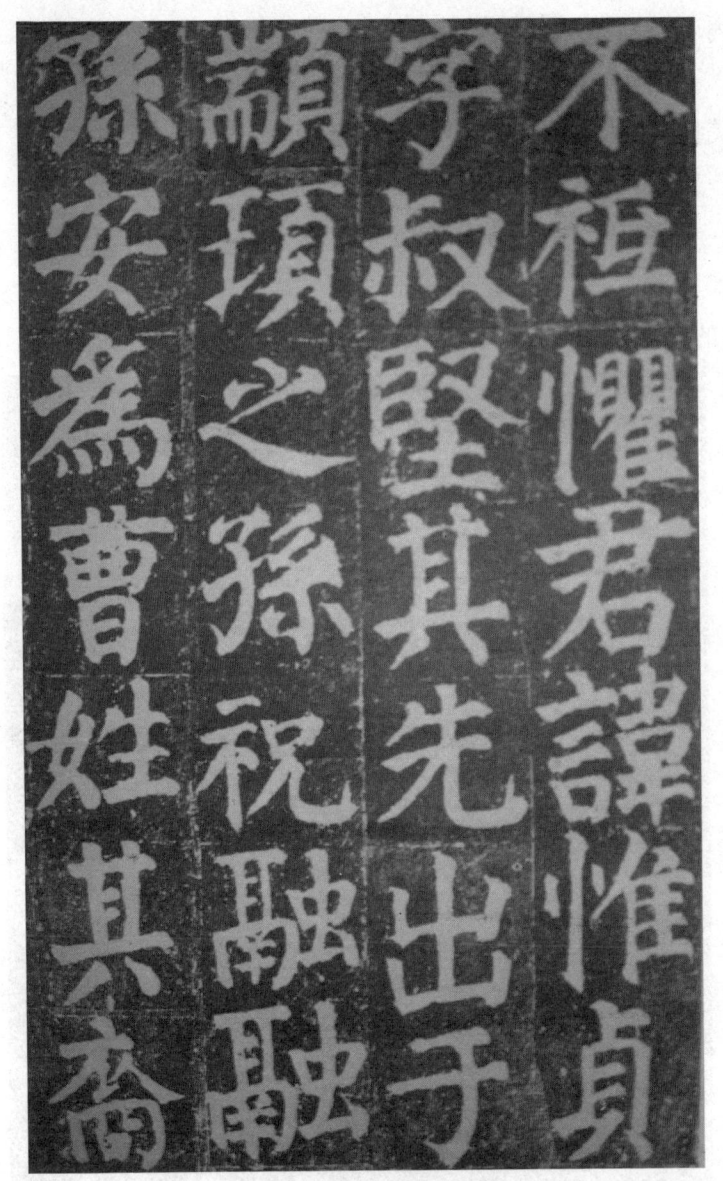

图3-18 颜真卿《颜氏家庙碑》（局部）

向上的生机、活力。颜真卿生活在那个年代，正是"天人感应"，适逢其时。他以其百川汇海、吐纳风云的博大胸怀与浩然正气，吸纳开放兼容和改革创新的时代精神，继王羲之之后，成了书法艺术的集大成者和改革家，从而创造了具有时代特色，个人风格和长久活力的至大至刚、雄强博大的新书风。

颜真卿被公认是自古至唐众多优秀书法传统的集大成者，也是最有革新精神和创造性的一代宗师。他继承家学以及蔡邕、钟繇到王羲之以来居于主流地位的书法传统，又上溯至周秦篆籀、汉隶与六朝碑刻，并且直接师承本朝楷、草书法大师褚遂良、张旭，还留心向民间书法学习。他在书法优秀传统中吸收有益营养，熔南北书法之大成于一炉，融会贯通，大胆改革，推陈出新。变清瘦优雅为厚重雄强，丰劲多力；变斜画紧结为平画宽结，正面示人；变秀逸疏朗为方严古拙，充盈圆满；变婉美娟媚为恢宏博大，气势磅礴。从而创出新面貌，树立新风气，成为继王羲之之后最为杰出的书法艺术的集大成者和革新家，并且是唯一能同王羲之并列为对后世影响最大的两位书法宗师。著名历史学家范文澜先生在其主编的《中国通史》中说:"过去,王羲之破钟繇书体而有创造;现在,颜真卿又破二王书体而有创造。有人说'书法之美者,莫如颜鲁公;然书法之坏,自鲁公始'。其实,颜书之'美',正在所谓'坏',不破二王书体,是不能创造唐朝新书体的。又有人说'自颜而下,终晚唐无晋韵矣'。这倒是说出了颜书的巨大影响。"这段评论是十分精辟的。

苏轼在其文中一再推崇:"书于鲁公,文于昌黎,诗于工部,至矣。""故诗至于杜子美,文至于韩退之,书至于颜鲁公,画至于吴道子,而古今之变,天下之能事毕矣。"清王文治在其论书绝句中亦曰:"曾闻碧海掣鲸鱼,神力苍茫运太虚。间气古今三鼎足,杜诗韩笔与颜书。"苏轼此文,王文治此诗,都从诗、文、书、画跨门类以及大视野的宏观角度,推出各门类最具代表性、最有影响力的人物,这是对

图 3-19　颜真卿《颜勤礼碑》(局部)

颜真卿书法艺术之历史地位的最好评价。

## 三、书法理论

### 1.《张长史笔法十二意》

颜真卿的五世祖、北齐至隋初的著名学者颜之推在其传世名著《颜氏家训》的《杂艺》篇中，以王羲之"举世惟知其书"，而"以能自蔽"，肖子云著《齐书》，而"惟以笔迹得名"之憾；王褒"尤以书工"，崎岖碑碣之间，辛苦笔砚之役，常悔恨曰"假使吾不知书，可不至今日邪"的教训，嘱咐后代："此艺不须过精，夫巧者劳而智者忧，常为人所役使，更觉为累。""以此观人，慎勿以书自命。"以上这段祖训，对颜真卿可能有所影响，故颜真卿尽管书法艺术功力精深，成就卓著，且其书迹是唐代书家传世最多者，然而，对书法艺术的论述却甚少，仅于向前辈张旭请教书法，与同辈怀素谈论书法的过程中，得见他对书法艺术的一些论述。而传世的颜真卿《述〈张长史笔法十二意〉》《永字八法颂》，都曾有人怀疑是后人伪托。但历

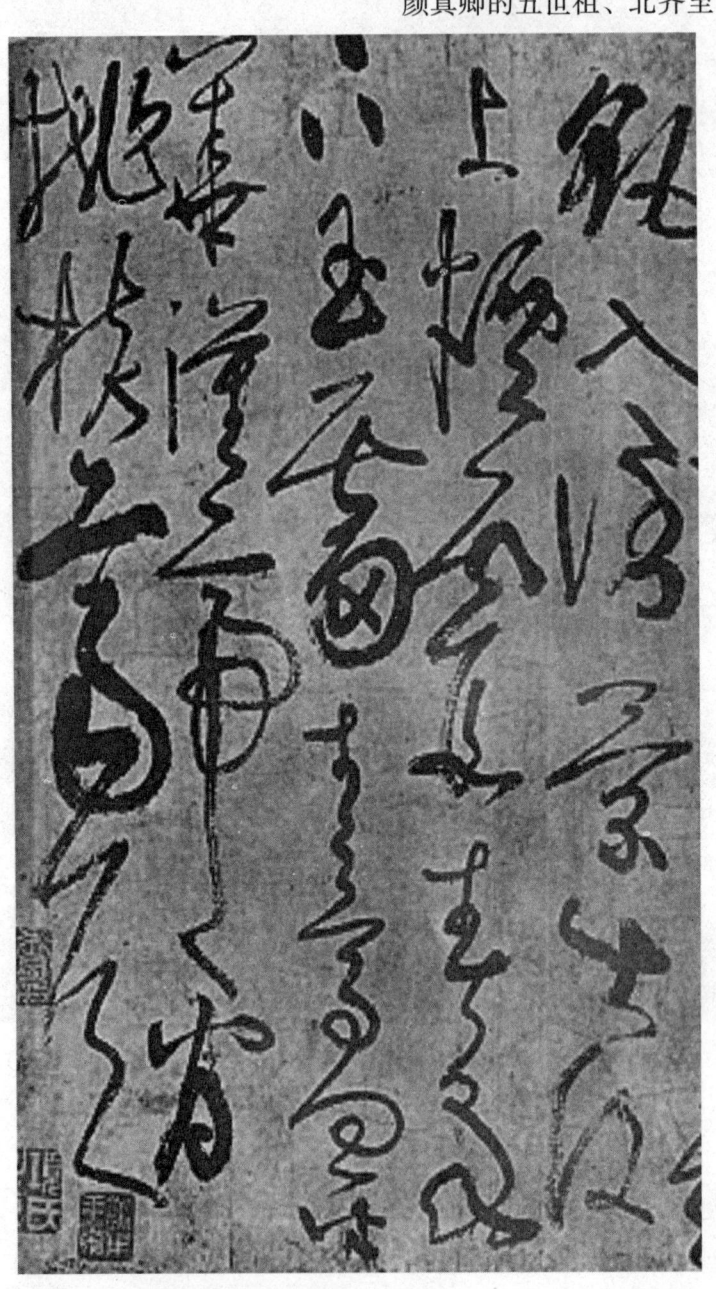

图3-20 张旭《张旭古诗四帖》（局部）

代有关颜真卿的文集、传记中大都有收入，且对书法艺术的研究、探讨亦颇有价值。沈尹默先生还在所著《书法论丛》一书中，写了一篇《唐颜真卿述张旭笔法十二意》的专文。文中指出："笔法十二意本是魏钟繇所提出的……是值得学书人重视的。以前没有人做过详细的解说，直到唐朝张、颜对话，才逐条加以讨论。"所以，此两篇论述仍值得作为唐代书法理论，尤其是张旭、颜真卿二位大书家对书法艺术见解的重要文章加以重视和研究。

《张长史笔法十二意》写于天宝五载（746），所记笔法十二意是以张旭、颜真卿二人对话的形式阐述的。虽然记的是张旭论书，但是更多的是颜真卿学习笔法的心得和体会，同时也包括了他自己对笔法的见解。

"笔法十二意"是梁武帝观钟繇书法时提出的，文字比较简单，只讲了十二句话，即："平，谓横也；直，谓纵也；均，谓间也；密，谓际也；锋，谓端也；力，谓体也；轻，谓屈也；决，谓牵掣也；补，谓不足也；损，谓有余也；巧，谓布置也；称，谓大小也。"张旭问颜真卿

图 3-21 颜真卿《多宝塔碑》（局部）

也是这十二个问题,可见当时张旭等研究的是魏晋以来传统笔法。但是颜真卿回答时,则是根据自己的艺术理解做了发挥和解释。当时颜真卿还比较年轻,这篇笔法记促进他对笔法理论的研究,对他形成独特的书法艺术风格起到了重要的作用。我们试对这十二个问题进行分析和阐述,从中可以看出其中论述和颜书风格的关系。

"予罢秩醴泉,特诣东洛,访金吾长史张公旭,请师笔法。张公乃当堂踞坐床……乃曰:'夫平谓横,子知之乎?'仆思以对曰:'尝闻长史九丈令每为一平画,皆须纵横有象,此岂非其谓乎?'长史乃笑曰:'然。'"这里说的是笔法。颜真卿把横画的要领概括为"纵横有象"四字,其意是不能简单求平,即如"千里阵云",横列有纵象,才能有凝重而不板滞,强劲而不飘浮的笔势。"纵横有象"实出自蔡邕、王羲之传世的书论。蔡邕在《九势》与《笔论》中云:"横鳞,竖勒之规。""纵横有可象者,方得谓之书矣。"王羲之《题卫夫人〈笔阵图〉后》云:"每作一横画,如列阵之排云。"作横画要如"横鳞""排云"那样,既平而又不平,在总体上平,又在具体上起伏不平,如此变化,就能达到"纵横有象"。此说沈尹默先生做了精详的解释:"笔锋在点画中间,必须有起有伏,起带纵的倾向,伏则仍回到横的方面去,

图 3-22 颜真卿《多宝塔碑》(局部)

不断地、一纵一横地行使笔毫，形成横画，便有鱼鳞、阵云的活泼意趣，就能达到不平而平的要求。"

"又曰：'夫直谓纵，子知之乎？'曰：'岂不谓直者必纵之不令邪曲之谓乎？'长史曰：'然。'"直，即竖画。颜真卿认为竖画的要领在于"必纵之不令邪曲"，一竖直下，当然要放纵，但放纵不是轻滑，而须"藏头护尾，力在字中"，"放纵宜存气力，视笔取势"。在纵笔而下的过程中，着力以中锋涩进，必乃沉着而不轻滑，既不令僵直，又不令邪曲。唐太宗李世民在《笔法诀》中说："为竖必努，贵战而雄。"意思是说既要放纵轻快又要勒笔涩进，在矛盾中前进，犹如万岁枯藤，雄劲有力。

"又曰：'均谓间，子知之乎？'曰：'尝蒙示以间不容光之谓乎？'长史曰：'然。'"这里说的是结体。间，指布白，即笔画与笔画之间及一个字组成的各个部分之间所留

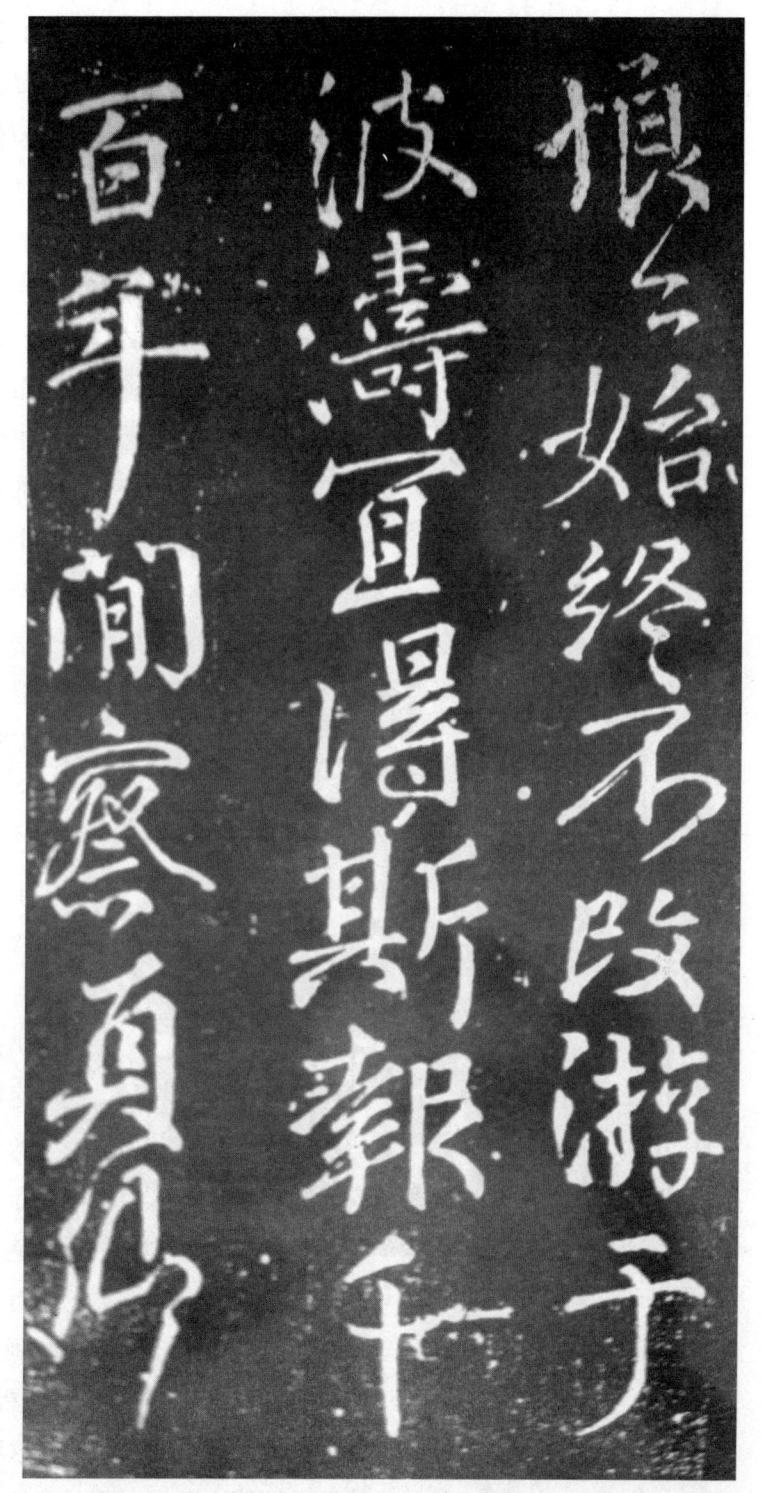

图3-23　颜真卿《奉命帖》（局部）

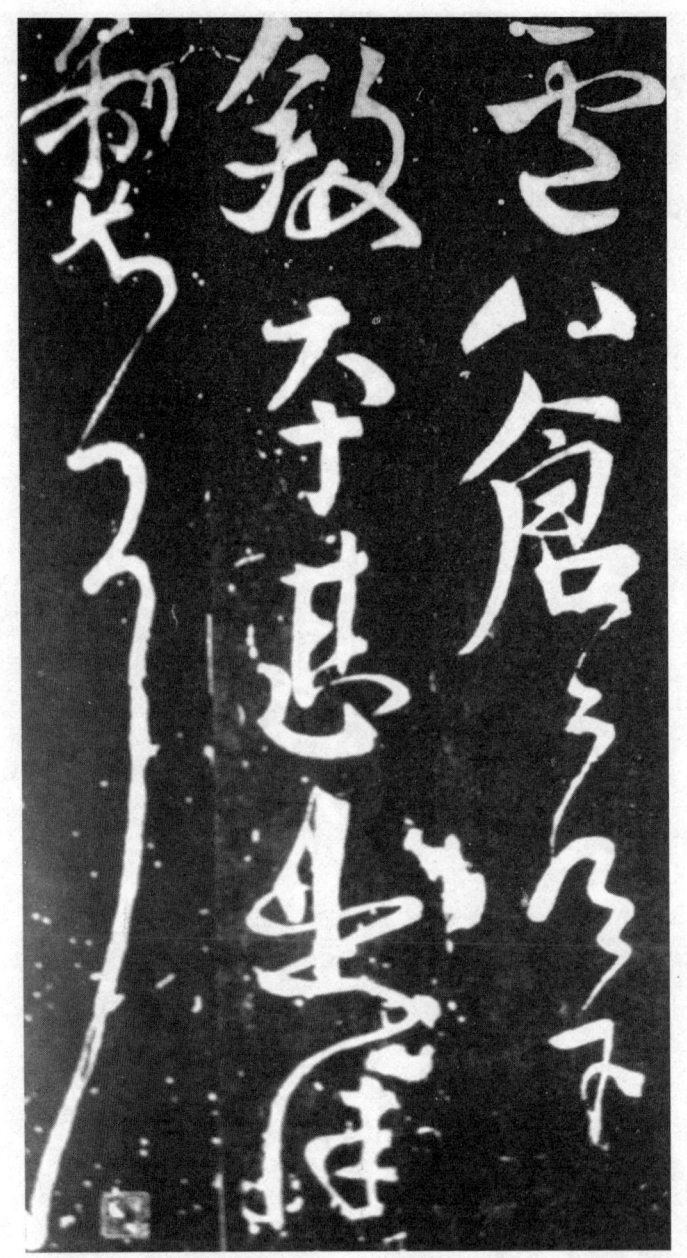

图 3-24　颜真卿《叙本帖》（局部）

下的空间。颜真卿把间的要领夸张为"间不容光"四字，实为传统画论所说的"密不通风，疏能走马"之意。颜真卿所指的"均谓间"和"间不容光"都不能从字面上去理解，实际上指的是点画和行距间的布局要恰到好处，如点画之平正斜侧、长短粗细、疏密俯仰都要有一种节奏韵味。在结体中计白当黑，做到总体均衡、匀称，而每个局部的搭配却疏密相间，远近相宜，力求摆布得高度准确、协调，容不得半点马虎、涣散，使每个字具有茂密、充盈的美感。

"又曰：'密谓际，子知之乎？'曰：'岂不谓筑锋下笔，皆令完成，不令其疏之谓乎？'长史曰：'然。'"这里说的仍是结体。际，指笔画与笔画之间的相衔接处。颜真卿把际的要领概括为"筑锋下笔，皆令宛成，不令其疏"，就是下笔要使笔锋沉劲有力，中锋运行，逆入逆收，力求点画浑厚饱满而具立体感；同时在两画的衔接处或者交会，或者相连，或者笔断急连，皆须自然相属，宛如天然形成一般，防止松散无力，支离破碎。这种笔法可以形成浑厚的艺术效果。两笔之间，不管是意连或实连，都要做到笔笔有完整之感，即"皆令完成"，不能疏松脱节，蚕头鼠尾，以达到筋骨相连、血脉相通、神完气足的境界。

"又曰：'锋谓末，子知之乎？'曰：'岂不谓末以成画，使其锋健之谓乎？'长史曰：'然。'"这里说的是笔法。末，指笔画的收尾之处，即末端。颜真卿把末的要领概括为"末以成画，使其锋健"八个字。蔡邕《九势》强调："护尾，画点势尽，力收之。"王羲之《书论》云："用尖笔须落锋混成，无使毫露浮怯。"所以，手臂是十分重要的，务须用力送到，使笔锋神完气足，有峻健爽利的气势而无拖沓浮怯的病态。这里不指笔画的长短，而只指笔画的末端要用笔锋收尾并要达到劲健的艺术效果。所谓直笔末端有"垂露法"和"悬针法"，即指收笔时的两种劲健的笔势：一种如同垂滴的露珠，笔锋回锋所造成露珠往下滴时的形象；一种如同悬挂着的金针，虽然下端是尖锐状，但却也是劲健的。

图 3-25　颜真卿《麻姑仙坛记》（局部）

"又曰：'力谓骨体，子知之乎？'曰：'岂不谓趯笔则点画皆有筋骨，字体自然雄媚之谓乎？'长史曰：'然。'"这里说的是笔法。骨体，是字的筋骨和体态，颜真卿把骨体的要领表述为"趯笔则点画皆有筋骨，字体自然雄媚","趯笔"是速行的样子,又含有盗行和侧行的样子,都是要求动作快捷有力。颜真卿特别强调趯笔的重要性,故其点画"藏骨抱筋"的风格和刚柔相济、雄强而又媚好的艺术效果,正是颜书的重要特色之一。

"又曰:'轻谓曲折,子知之乎?'曰:'岂不谓钩笔转角,折锋轻过,亦谓转角为暗过之谓乎?'长史曰:'然。'"这里说的是笔法。曲折,指横画转向竖画的转角之处。颜真卿把曲折的要领概括为"钩笔转角,折锋轻过",即"暗过"之法。蔡邕《九势》谓:"转笔,宜左右回顾,无使节目孤露。"王羲之《书论》云:"曲折如钢钩。"萧衍《观钟繇书法十二意》说:"轻,谓屈也。"颜真卿转角的写法与初唐以来欧、

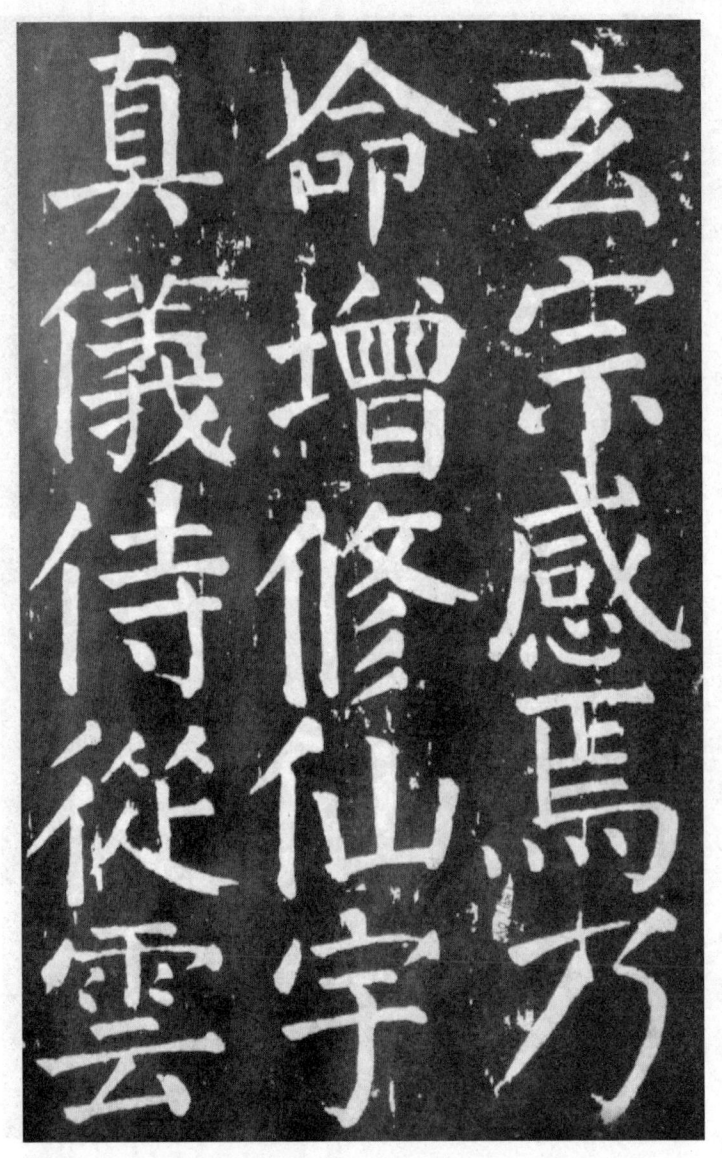

图3-26 颜真卿《麻姑仙坛记》(局部)

虞、褚、薛及李邕诸家显露棱角的写法相异。他强调钩笔轻转,笔锋从左向右运行,将要转角下折之时,略略回左,稍稍停留以聚锋,再缓缓向右,向下弯曲。这样的转角蓄势于内,而不孤露于外,使笔画圆浑含蓄,字势充盈饱满,实则援篆法入楷书,这是颜书极富创造性的又一重要特色。

"又曰:'决谓牵掣,子知之乎?'曰:'岂不谓牵掣为撇,锐意挫锋,使不怯滞,令险峻而成,以谓之决乎?'

长史曰：'然。'"这里说的是笔法。牵掣，指撇（掠）法。颜真卿把牵掣的要领概括为"锐意挫锋，险峻而成"八个字，而关键则在一个"决"字。蔡邕《九势》谓："掠笔，在于趯锋峻趯用之。"李世民《笔法诀》云："为撇必掠，贵险而劲。"写撇要先以挫锋起笔，即先折笔重按，聚锋蓄势，紧接着果断、快速地向左下方出锋，这样笔锋便能险峻、劲利，而避免"怯滞"之病。

"又曰：'补谓不足，子知之乎？'曰：'尝闻于长史，岂不谓结构点画或有失趣者，则以别点画旁救之谓乎？'长史曰：'然。'"这里说的主要是结体。

图 3-27　颜真卿《元结墓碑》（局部）

在书法创作中，有时点画、结体难免出现一些不足、失趣之处，就应当机立断，加以补救。这在欧阳询《三十六法》中就曾说道："救应，凡作字，一笔才落，便当思第二、三笔如何救应。"颜真卿具体说到的补救好办法就是"以别点画旁救"。这种应急从旁补救的能力，不是临时抱佛脚所能达到的，而须依靠平日多看、多临、多实践所积累的知识和经验来获得。

"又曰：'损谓有余，子知之乎？'曰：'尝蒙所授，岂不谓趣长笔短，长使意气有余，画若不足之谓乎？'曰：'然。'"这里说的兼及笔法、结体两个方面。有余的、过了头的笔画应当减损，但如笔已落纸成画，要减损已经来不及了，这就要靠平时控制用笔的功夫来避免。颜真卿指出其要领是"趣长笔短""意气有余，画若不足"。一是要预想字形、点画，哪些笔画要长，哪些笔画要短，做到长短配搭相宜、映带成趣，即在下笔落纸之前要胸有成竹，才能避免"平直相似，状如算子，上下方正，前后齐平，此不是书，但得其点画尔"（王羲之《笔势论十二章》）；二是要靠平时对点画线条质量和运笔控纵功夫的把握。不论长画短画，都要在线条中蕴含着充满生机的活力和情趣，令人回味无穷。长的不觉其过长，短的不觉其过短。如果点画的线条枯槁、板滞，就不可能有这样的活力和情趣。

图 3-28　颜真卿《谒金天王神祠题记》（局部）

"又曰：'巧谓布置，子知之乎？'曰：'岂不谓欲书先预想字形布置，令其平稳，或意外生体，令有异势，是之谓巧乎？'曰：'然。'"这里说的是结体与章法。即布置要巧，颜真卿概括的要领，包含着"预想字形"和"意外生体"的辩证统一，以及"平稳"和"异势"的辩证统一。既要巧妙地"预想字形"，如王羲之《书论》所说的："令意在笔前，字居心后，未作之始结思成矣。"但"预想字形"只能是大体的设想，在下笔创作的过程中，又不能都拘泥于原先的预想，而应巧妙地随机应变，在原本无意之中，做到"意外生体"，这才是最上乘的功夫。不论结体或章法，在总体上应"令其平稳"，但平稳绝不是处处四平八稳，那样不叫平稳，而叫单调、呆板。应当稳中生巧，"令有异势"，有突破平稳的、或奇或险的"异势"，亦即孙过庭《书谱》所说的"初学分布，但求平正；既知平正，务追险绝，既能险绝，复归平正"。以上两种辩证统一的布置之巧，在颜真卿的楷书和行草书中都有生动的体现，而在行草书中体现得尤为突出。

"又曰：'称为大小，子知之乎？'曰：'尝闻教授，岂不谓大字促之令小，小字展之使大，兼令茂密，所以为称乎？'长史曰：'然，子言皆颇近之矣。工若精勤，悉自当为妙笔。'"这里说的是章法。在张、颜之前，已有多位书法家说过。王羲之《笔势论十二章》云："大字促之贵小，小字宽之贵大，自然宽狭得所，不失其宜。"释智果《心成颂》亦说"孤单必大""重并仍促""自然宽猛得宜"。必须指出的是，比起前人之说，颜真卿说了一句"兼令茂密"，这才是"称"的关键，至为重要。后世米芾对张旭"大字促之令小，小字展之使大"之说的批评，康有为对苏轼"大字

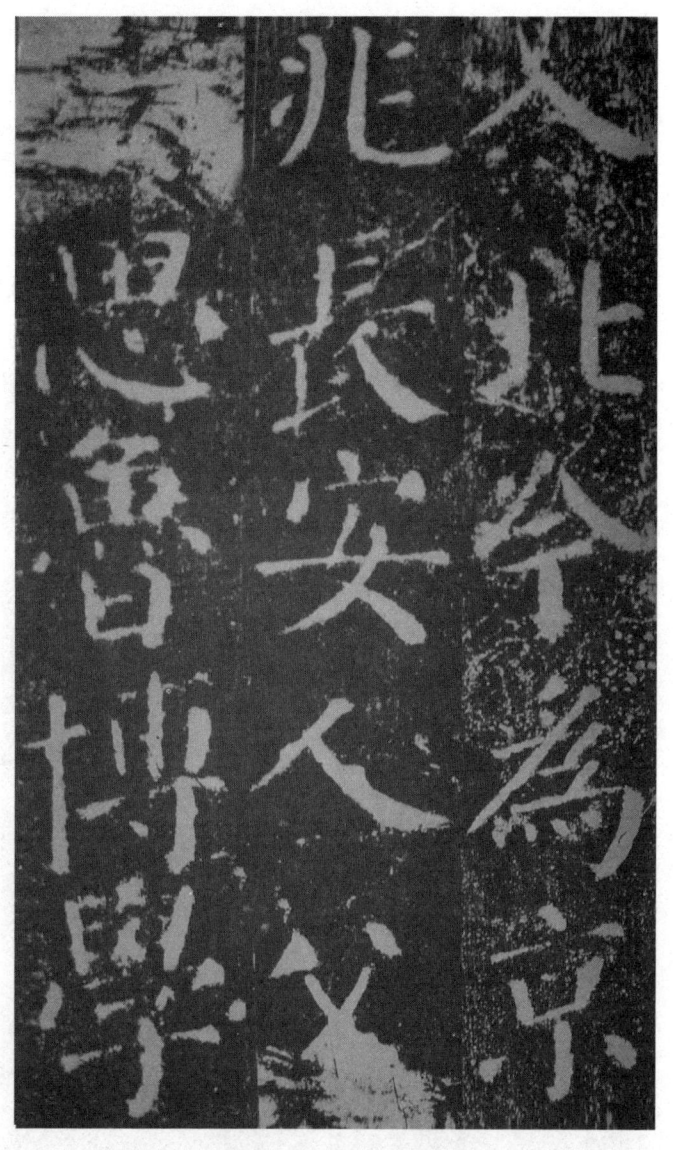

图 3-29　颜真卿《颜勤礼碑》（局部）

难于结密而无间,小字难于宽绰而有余"之说的批评,都是过于机械的理解,忽略了"兼令茂密"这个关键。"促之令小""展之使大",或"结密而无间""宽绰而有余",都是在书法创作中,尤其是在写楷书中,针对字形大小的差异,进行艺术处理,加以适当调节,达到在整体上和谐、茂密的审美效果,而不是机械地把字形拉成整齐划一,形同算子,这绝非张、颜与苏的本意,何况他们的创作实践更非如此。明冯班《钝吟书要》说得好:"张长史云'小字展令大',尽笔势为之也;'大字促令小',遏锋藏势,使间架有余也。今广平府有颜鲁公'仪门'字,'门'字小,'仪'字大,却相称,殊不见有异,奇迹也。"便是明证。

在请教笔法的问答完毕之后,颜真卿又向张旭请教:"幸蒙长史传授笔法,敢问工书之妙,如何得齐于古人?"从颜真卿请教的这个问题中,我们可以看出颜真卿学书的认真态度和对自己的高标准要求。"齐于古人",当然不是一般的古人,而是他心目中仰慕的蔡邕、钟繇、王羲之等古代书法宗师。对于这个问题,张旭回答了五点:"妙在执笔,令有圆畅,勿使拘挛;其次识法,须口传手授,勿使无度,所谓笔法也;其次在布置,不慢不越,巧使合宜;其次变化

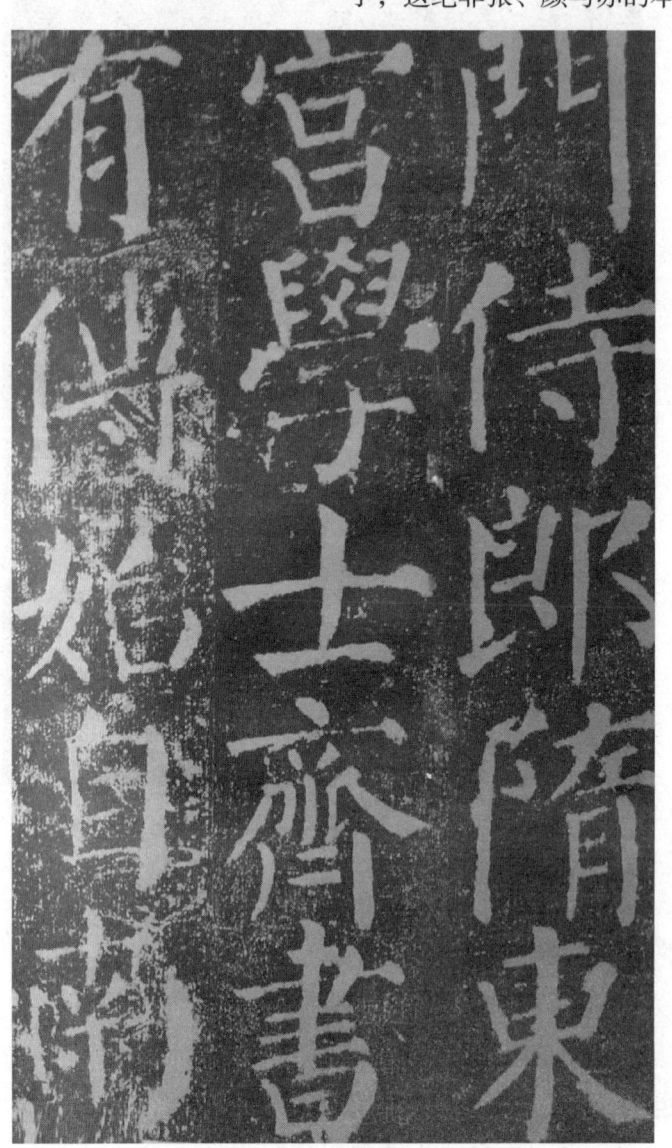

图 3-30　颜真卿《颜勤礼碑》(局部)

识怀，纵合规矩；其次纸笔精佳。五者备矣，然后能齐于古人。""见贤思齐"，既是虚心又是雄心，由此而对自己提出了既高又严的目标与要求，只有齐于古人，然后才能超过古人。这样虚心的学习和雄心的追求，经过他毕生的刻苦学习和不断实践，终于达到了目标。

最后，颜真卿又向张旭请教用笔的体会："敢问长史神用执笔之理，可得闻乎？"张旭回答："予传授笔法，得之于老舅彦远（陆柬之之子），曰：'吾昔日学书，虽功深，奈何迹不至殊妙。'后问于褚河南，曰：'用笔须当如锥画沙、如印印泥。'思而不悟。后于江岛，遇见沙平地静，令人意悦欲书，乃偶以利锋画而书之，其劲险之状，明利媚好。自兹乃悟用笔如锥画沙，使其藏锋，画乃沉着。当其用笔，常欲使其透过纸背，此功成之极矣。真草用笔，悉如画沙，点画净媚，则其道至矣。如此则其迹可久，自然齐于古人。但思此理，以专想功用，故其点画不得妄动。子其书绅。"张旭用日常生活的体验，形象地说明用笔的要领，要如印印

图 3-31　颜真卿《颜氏家庙碑》（局部）

泥，如锥画沙，画乃沉着，而能力透纸背。印印泥就是要像印章印在封泥上面那样，既准确，又深沉有力。锥画沙，就是利锥在沙滩画过之后，沙的中线凹陷而两边凸起，原来画过的痕迹又被两边流下的沙所掩藏。这两种譬喻，都是强调要以中锋和藏锋运笔，才能落笔沉稳，笔力劲健，达到力透纸背的效果。

2. 《永字八法颂》

《永字八法颂》传为颜真卿所作，写作时间无考，内容以"永"字所构成的八种点画，说明楷书的用笔之法。全文是："侧，蹲鸱而坠石；勒，缓纵以藏机；弩，弯环而势曲；趯，峻快以如锥；策，依稀而似勒；掠，仿佛以宜肥；啄，腾凌而速进；磔，抑趯以迟移。"

（1）侧，蹲鸱而坠石

这是点的笔法。晋王羲之《题卫夫人〈笔阵图〉后》云："点，如高峰坠石。"《笔势论十二章》又云："夫著点皆磊磊似大石之当衢，或如蹲鸱。"唐太宗李世民《笔法诀》云："为点必收，贵紧而重。"唐张怀瓘《玉堂禁经》云："侧不得平其笔，点如利砧镂金。"唐柳宗元《八法颂》云："侧不贵卧。"《永字八法颂》则说侧像蹲鸱（鸱即猫头鹰），其势如坠石而形象却如蹲着的猫头鹰。所论笔势和造型都接近颜书。

（2）勒，缓纵以藏机

这是横画的笔法。王羲之《题卫夫人〈笔阵图〉后》云："横画，如列阵之排云。"唐太宗李世民《笔法诀》云："为画必勒，贵涩而进。勒不得卧其笔，须笔锋先行。"唐张怀瓘《玉堂禁经》云："画如长锥界石。"唐柳宗元《八

图 3-32

法颂》云:"勒常患平。"康有为解释为横画笔法逆锋起笔,勒笔右行,收锋,讲的用笔方法。《永字八法颂》说是"缓纵以藏机",颜真卿在回答张长史"夫平为画"时说是"纵横有象",其本质含义是一致的,都有笔法、笔势、笔意在内。

(3)努,弯环而势曲

这是竖画的笔法。其说法和颜书竖画之形象和笔势极为一致。晋王羲之《书论》云:"竖牵如深林之乔木。"《笔势论十二章》又云:"竖则直,如春笋直抽寒谷。"唐李世民《笔法诀》云:"为竖为努,贵战而雄,努部宜直,直则为败。"唐张怀瓘《玉堂禁经》云:"努不得直,直则无力。"唐柳宗元《八法颂》云:"努过直则力败。"

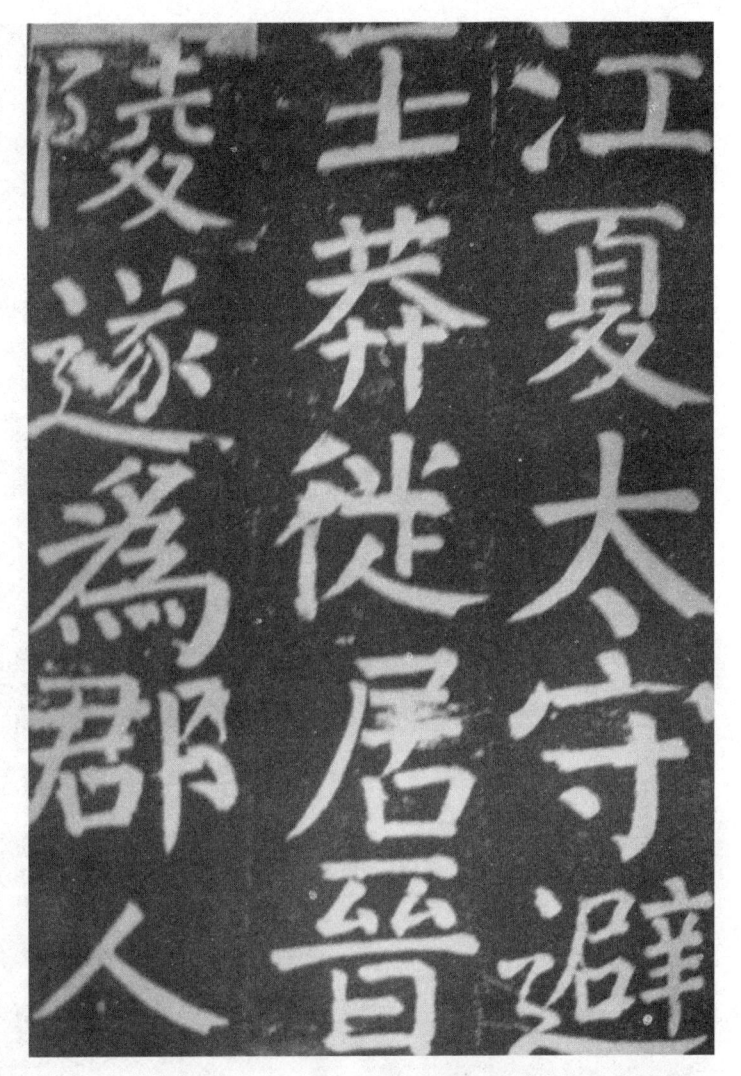

图3-33 颜真卿《李玄靖碑》(局部)

(4)趯,峻快以如锥

这是钩的笔法。唐李世民《笔法诀》云:"趯须存其笔锋,得势而出。"唐柳宗元《八法颂》云:"趯宜峻而势生。"宋陈思《书苑菁华》云:"趯须蹲锋得势而出,出则暗收。"又云:"趯自努出,潜锋轻挫,借势而趯之。"清包世臣《艺舟双楫》云:"钩为趯者,如人之趯脚,其力初不在脚,猝然引起,而全力遂注脚尖,故钩末断不可作飘势挫锋,有失趯之义也。"

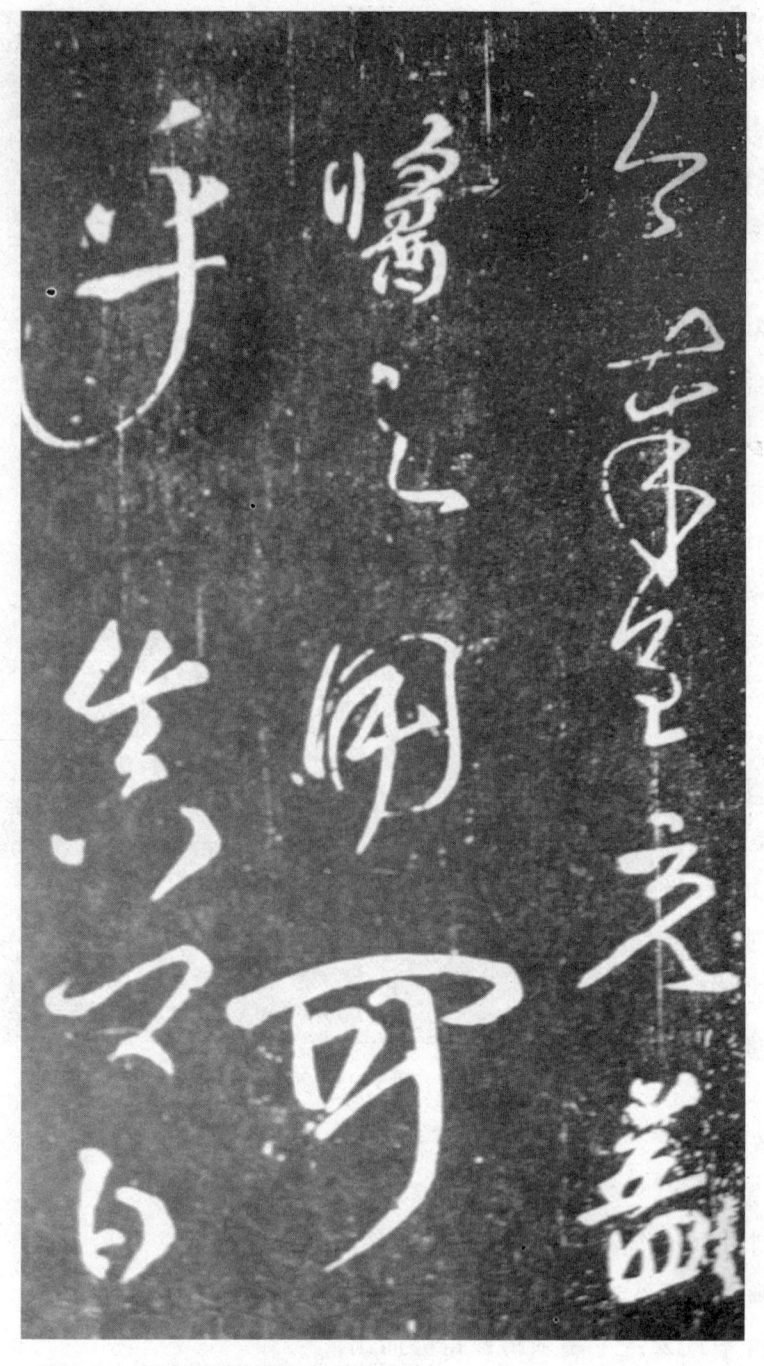

图3-34 颜真卿《文殊帖》（局部）

（5）策，依稀而似勒

这是左上短横的笔法。唐李世民《笔法诀》云："策须仰策而收。"唐张怀瑾《玉堂禁经》云："策须背笔。"唐柳宗元《八法颂》云："策，仰收而暗揭。"清包世臣《艺舟双楫》云："仰画为策者，如以策策马，用力在策本，得力在策末，着马即起也。"

（6）掠，仿佛以宜肥

这是左下长撇的笔法。唐李世民《笔法诀》云："为撇必掠，贵险而劲。掠须笔锋左出而利。"唐张怀瑾《玉堂禁经》云："掠，须笔锋左出而利。"元李溥光《雪庵八法》云："掠始作者，用肥健悠扬，而宜乎舒畅。"清包世臣《艺舟双楫》云："长撇为掠者，谓用努法下引左行，而展笔如掠。"

（7）啄，腾凌而速进

这是右上短撇的笔法。唐李世民《笔法诀》云：

"啄，仓皇而疾掩。"宋陈思《书苑菁华》云："啄者，如禽之啄物也，立笔下罨，须捷为胜。"清包世臣《艺舟双楫》云："短撇为啄者，如鸟之啄物，锐而且速，亦言其画行以渐，而削如鸟啄也。"

（8）磔，抑趯以迟移

这是右下长捺的笔法。唐李世民《笔法诀》云："磔，须战笔外发，得意徐乃出之。"清包世臣《艺舟双楫》云："捺为磔者，勒笔右行，铺平毫锋，尽力开散而急发也。"

3.《怀素上人草书歌序》

颜真卿此文作于大历七年（772）九月。时颜真卿在洛阳与怀素相遇，怀素出示时人赞誉其草书的诗歌，汇集为《怀素上人草书歌》，请颜真卿为之作序。颜真卿欣然命笔，除介绍其缘起外，并叙述其草书艺术的发展过程，极力称赞怀素草书的精绝，文中充满对怀素的

图 3-35　颜真卿《颜勤礼碑》（局部）

敬仰之情。全文如下：

开士怀素，僧中之英，气概通疏，性灵豁畅。精心草圣，积有岁时，江岭之间，其名大著。故吏部尚书韦公陟睹其笔力，勖以有成。今礼部侍郎张公谓赏其不羁，引共游处。兼好事者同作歌以赞之，动盈卷轴。夫草稿之作，起于汉代。杜度、崔瑗，始以妙闻；迨乎伯英，尤擅其美。羲献兹降，虞陆相承，口诀手授。以至于吴郡张旭长史，虽姿性颠逸，超绝古今，而楷法精详，特为真正。真卿早岁尝接游居，屡蒙激劝，告以笔法。资质劣弱，又婴物务，不能恳习，迄用无成。追思一言，何可复得。忽见师作，纵横不群，迅疾骇人，若还旧观。向使师得亲承

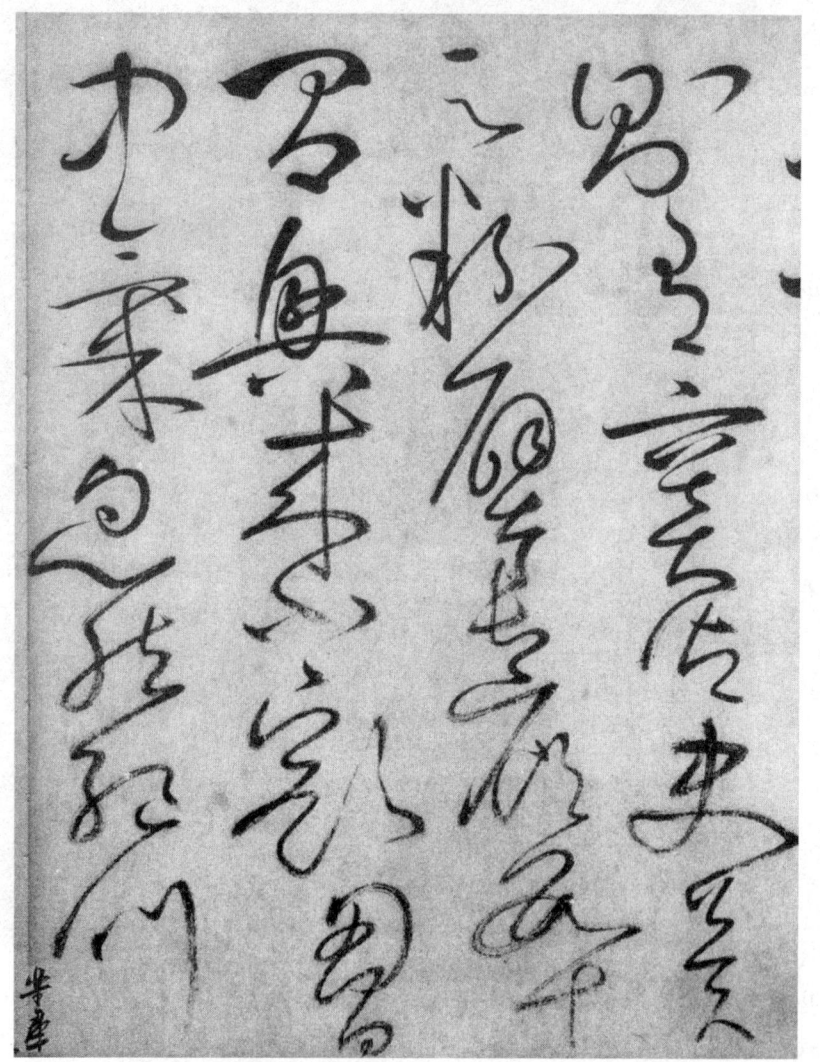

图3-36 怀素《自叙帖》（局部）

善诱,亟挥规模,则入室之宾,舍子奚适。嗟叹不足,聊书以冠诸篇首。

其后,怀素在《自叙帖》中,就此事写道:"颜刑部(颜真卿于大历十二年,即777年奉旨入京任刑部尚书)书家者流,精极笔法。水镜之辨,许在末行。"对颜真卿充满感激与赞许之情。

4. 与怀素论"屋漏痕"笔势

颜真卿以"屋漏痕"形容笔势,始见于唐陆羽《怀素别传》,其中怀素与颜真卿论草书的一段,全文如下:

怀素与邬彤为兄弟,常从彤受笔法。彤曰:"张长史私谓彤曰:'孤蓬自振,惊沙坐飞,余自是得奇怪。'草圣尽此矣。"颜真卿曰:"师亦有得乎?"素曰:"吾观夏云多奇峰,辄常师之,其痛快处如飞鸟出林,惊蛇入草,又遇坼壁之路,一一自然。"真卿曰:"何如屋漏痕?"素起,握公手曰:"得之矣。"

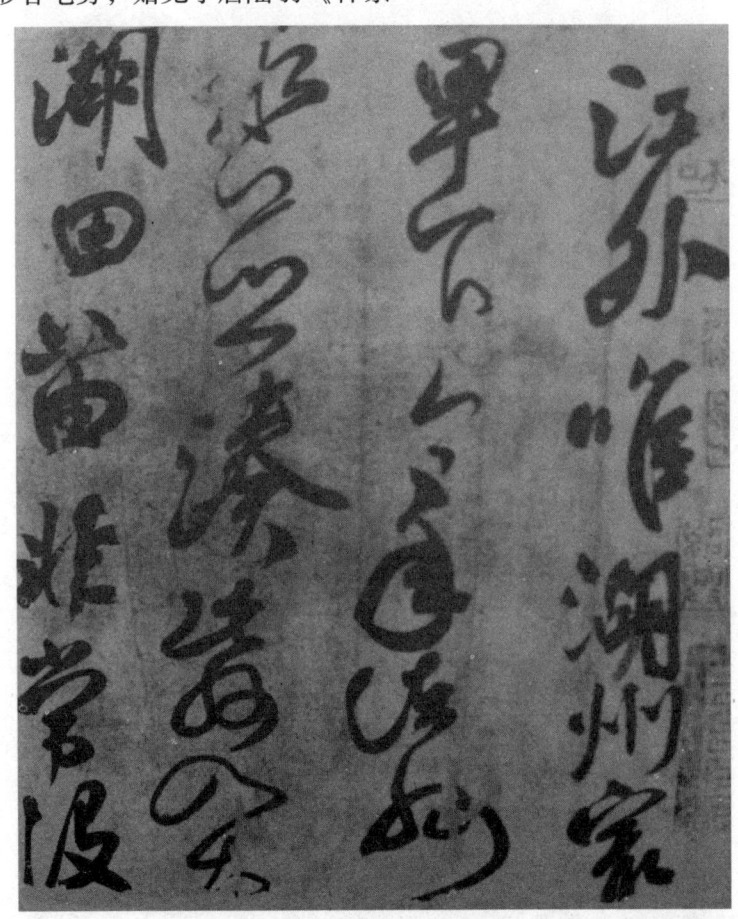

图 3-37　颜真卿《湖州帖》(局部)

自此，"屋漏痕"也同"印印泥""锥画沙""古钗脚""折钗股""坼壁之路"等说法一样，成为古人常说明笔势的术语。而历代书家和书论家对"屋漏痕"的解释也很多，理解上也略有不同。宋姜夔《续书谱》云："屋漏痕，欲其横直匀而藏锋。"明丰坊《书诀》云："无垂不缩，无往不收，则如屋漏痕，言不露圭角也。"明董其昌《画禅堂随笔》云："颜平原屋漏痕、折钗股，谓欲藏锋。后人遂以墨猪当之，皆成偃笔，痴人前不得说梦。欲知屋漏痕、折钗股，于圆熟求之，未可朝执笔而暮合辙也。"清王澍《论书剩语》云："颜鲁公'古钗脚''屋漏痕'只是自然。董文敏谓是藏锋，门外汉语。"清梁同书《频罗庵论书》云："漏痕、钗股不必定是草书有之，行书亦何尝不然。只是笔直下处留得住，不使飘忽耳。"清朱履贞《书学捷要》云："屋漏痕者，屋上天光透漏处，仰视则方圆斜正，形象皎然，以喻点画明净，无连绵牵掣之状也。"清周星莲《临池管见》云："颜鲁公'古钗脚''屋漏痕'，皆是善使笔锋，

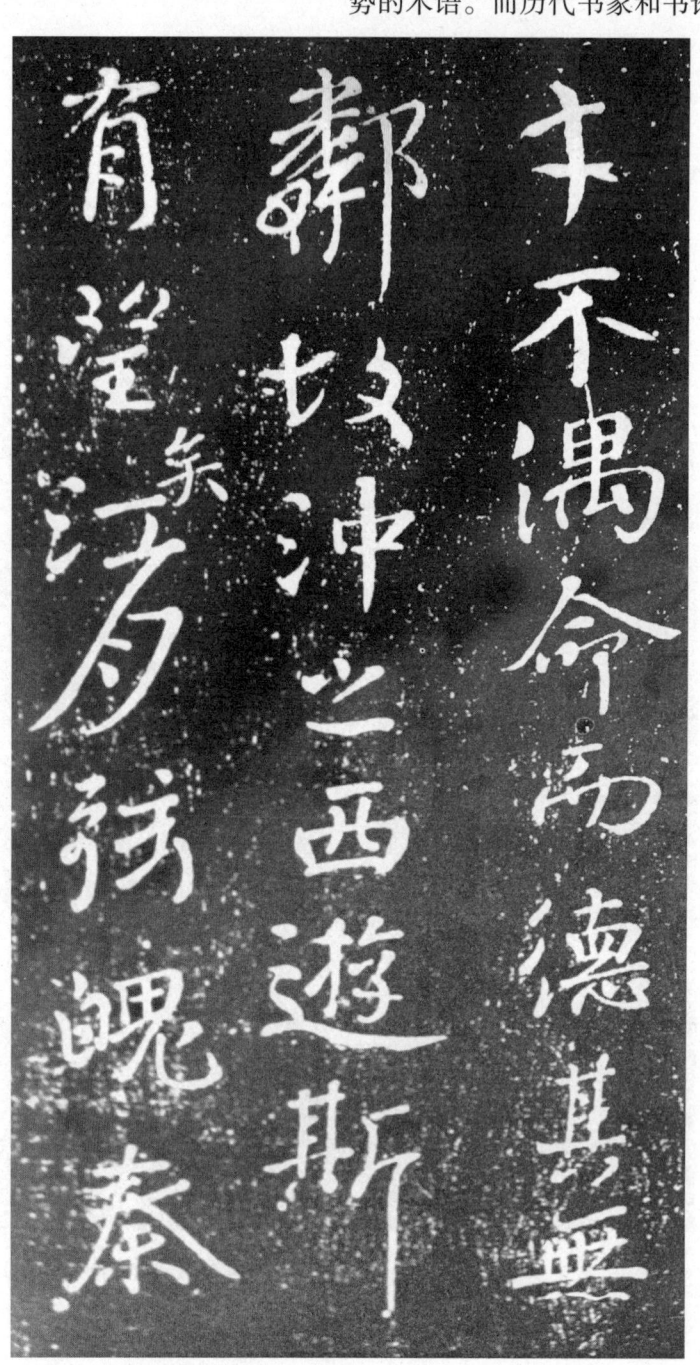

图3-38　颜真卿《送刘太冲序》（局部）

熨贴不陂，故臻绝境。"清康有为《广艺舟双辑》云："锥画沙、印印泥、屋漏痕，皆言无起止，即藏锋也。"

前人对屋漏痕的阐述，以上论述均可见大意。而阐述最为精详，且有独到见解的，则是民国时期的徐谦和当代的沈尹默先生。徐谦《笔法探微》云："书之优劣判于点画之中段，此学笔法者所最宜讲求者也。唐颜真卿与僧怀素论书曰：'何如屋漏痕？'此实言中段笔法之无上秘诀也……雨水由屋之罅隙流于壁上，成长痕，善书者壁画之中段即类此。此非仅言漏成之痕也，其用意之精，尤在'漏'字。盖水之流也，不盈科不行，漏滴之中盈而下注，如笔之藏头，圆笔而徐进。如是成画，自成漏痕，其中段处处皆如藏头之头，无处不动，此法无以名之，名曰'盈中'。言笔锋两面界纸，若水槽，而笔心含墨盈满其中，徐徐进行，自成屋漏痕。"沈尹默先生《书学论丛》云："颜清臣则以'屋漏痕'譬喻'中锋'，更为显明确切……怀素见壁间坼裂痕，悟到行笔之妙，颜真卿谓'何如屋漏痕'，这觉得更自然，更切合些，故怀素大为惊叹，以为妙喻。雨水渗如壁间，凝聚成滴，始能徐徐流下来，其流动不是径直落下，必微微左右荡着垂直流行，留其痕于壁上，始得圆而成画，放纵意多，收敛意少。所以书家取之，以其与腕运行笔相通，使人容易领悟。"

## 四、书法作品赏析

颜真卿一生创作勤奋，给后人留下的碑刻和真迹之多，在唐代首屈一指。由于他是著名的忠臣和书家，他的书迹为历代统治阶级和收藏家所重视。据蔡绦《铁围山丛谈》记载，仅宋代徽宗宣和内府的收藏，就有二百余件。至今传世的碑刻、拓本和真迹有六七十种，收入《中国书法全集·颜真卿》内有五十二种。宋人朱长文在《续书断》中说："碑刻虽多，而体制未尝一也。盖随其所感之事，所会之兴，善于书者，可以观而知之。"颜真卿书作因时因情而异，在刚健雄浑总的风格下，各具神采。

其中著名的楷书作品有：

1. 《多宝塔碑》

《多宝塔碑》全称《大唐西京千福寺多宝佛塔感应碑》，自署天宝十一载（752）四月二十二日立。岑勋撰文，徐浩题额，颜真卿楷书，史华刊石。285厘米×102厘米。额隶书2行8字。文凡34行，行66字。碑阴为吴通徽楷书"唐楚金禅师碑贞元十二年"。碑立于长安安定坊（今西安市西关）千福寺内，宋时入藏西安碑林。拓本藏北京故宫博物院。

碑文记叙了西京千福寺沙门楚金（俗姓程）夜读《法华经》，常见多宝佛塔，遂立志建塔之事。碑文极言建塔光怪梦寐云物感应，修饰浮夸不可致诘，唯借颜真卿书名存世。在《郭虚己墓志铭》发现之前，此碑一直是作为最早的颜真卿传世书法作品，极为世人珍重。此碑用笔丰腴厚重，横轻竖重，结体平稳谨严，匀称缜密，腴劲中颇显秀媚之姿。此书仍保留初唐楷书的风韵，又近于唐代写经的风格，因此后人有所议论。明王世贞评此碑曰："结法尤整密，但贵在藏锋，小远大雅，不无佐史之恨尔。"清王澍跋此碑说："鲁公书多以骨力健古为工，独此碑腴不剩肉，健不剩骨，以浑劲吐风神，

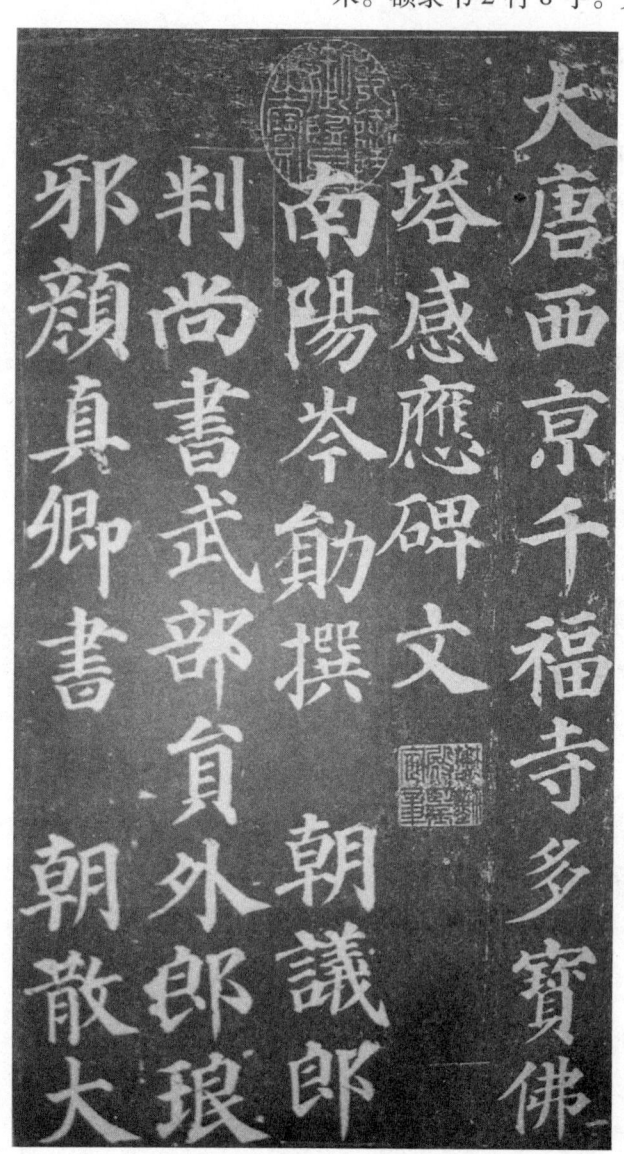

图3-39 颜真卿《多宝塔碑》（局部）

以姿媚含变化，正其年少鲜华时意到书也。"《书画跋》云："此是鲁公最匀稳书，亦尽秀媚多姿，第微带俗，正是近世撰史家鼻祖。"

2.《东方朔画赞碑》

《东方朔画赞碑》全称《汉太中大夫东方先生画赞碑》。天宝十三载（754）十二月立。晋夏侯湛文，颜真卿楷书，碑阳额为其篆书。碑阴记为颜真卿撰文并楷书，额为其隶书。340厘米×151.6厘米，四面刻。碑阳、碑阴各15行，碑侧各3行，行30字。

此碑笔画丰厚沉稳，转折峭劲，结体端

图 3-40　颜真卿《东方朔画赞碑》（局部）

庄雄伟，充满力度。字内留白，向外扩展，因而力量内充，气象开阔。字大满格，字间紧凑，形成茂密的章法。用笔多方笔，有隶书意味，仍未脱初唐范围，而形体则已与褚书之瘦劲秀媚有明显不同，与《多宝塔碑》相比也有较大变化。苏轼在《东坡题跋》中说："鲁公平生写碑，惟《东方朔画赞》为清雄，字间栉比而不失清远。其后见逸少本，乃知鲁公字字临此本，虽大小相悬而气韵良是。"明人有云："书法峭拔奋张，固是鲁公得意笔也。"总之，此碑蕴含着宏大的气势和惊人的力量，笔法与结体的颜体特征已经比较明显。

图 3-41　颜真卿《华岳庙题名》（局部）

3.《华岳庙题名》

《华岳庙题名》书于乾元元年（758年）十月十二日。自撰题记文并楷书。凡 4 行，计 84 字。刻于《华岳颂碑》右侧，现尚存华山华岳庙内。此题记是颜真卿左迁饶州（今江西鄱阳），赴任途经华阴时所书。

4.《鲜于氏离堆记》

《鲜于氏离堆记》上元元年（760）撰文，宝应元年（762 年）镌刻，刻于四川新政镇嘉陵江西岸离堆山崖。字径 3 寸，笔画刚健，气势磅礴。原文约 700 字，清道光时拓本仅存 40 余字。

唐上元元年（760）秋八月，颜真卿出贬蓬州（州治在今四川仪陇）长史，上任沿嘉陵江而上，至阆州新政县（今四川仪陇）应成都兵曹鲜于昱之请，为其石堂题记。详述鲜于氏家族的业绩和开凿石堂的始末，盛赞其父鲜于仲通。碑初见宋赵明诚《金石录》等，后晦。至清道光年间郭程先视学蜀中访得，然仅存 5 石，字存 58 字。道光以后又失一石，又缺 12 字。郭程先跋云："此碑魄力雄厚，吉光片羽，少而愈珍。"此碑为颜真卿五十三岁所作，正值其书法艺术中期，用笔雄逸，字画刚健，结体宽宏，书风已见成熟。因是摩崖大字，更显得丰厚雄伟，气势磅礴，为颜书大字的杰出代表。

5.《郭氏家庙碑》

《郭氏家庙碑》又名《郭敬之家庙

图 3-42 颜真卿《鲜于氏离堆记》(局部)

碑》,全称《有唐故中大夫使持节寿州诸军事寿州刺史上柱国赠太保郭公庙碑铭》。广德二年(764)撰书。碑为螭首方座,318 厘米×170 厘米。碑阳凡 30 行,行 58 字,为颜真卿撰文并楷书,代宗李豫隶书题额为"大唐赠太保兴国贞公庙碑"。碑阴无书写者姓名,刻有郭子仪兄弟子孙的官职名字,共 4 列 34 行,碑额 3 行 12 字。碑存于西安碑林博物馆,拓本藏北京故宫博物院。

此碑笔画舒畅,清劲雄健,多用圆笔,外拓,左右竖笔略呈弧形,间架宽大内疏,整体上有雍容的气象,标志着颜真卿书法艺术已成熟,进入中期阶段。王澍说:"当时以鲁公《自书告》雍容朗畅,不类鲁公平生风格,为其晚岁极深到之作。今观此碑,与《自书告》略同,而朗畅处更出《自书告》上,只使人

图 3-43 颜真卿《郭氏家庙碑》(局部)

不复思《自书告》矣。"这道出了颜书正处于变化时期。

6. 《逍遥楼刻石》

《逍遥楼刻石》字约68厘米×68厘米，竖刻，石为320厘米×133.3厘米，书于大历五年（770），此时颜真卿已是六十二岁的老人。但是"逍遥楼"赫赫三个楷书大字，字近三尺，原大书写，一丝不苟，可见其气盛魄强。书体端庄浑厚，茂密雄强，正不拘窘，庄不板滞，是迄今所见最大的颜书，也是"颜体"中风格独特的一幅匾书。

7. 《麻姑仙坛记》

《麻姑仙坛记》全称《有唐抚州南城县麻姑山仙坛记》，大历六年（771）撰书。用笔多参篆法，外拓，转折处不折而多转，不严守横细竖粗的原有作法，锋芒内敛。通篇沉稳雄厚，不一味图平稳，于守规矩中求变化。与《多宝塔碑》相比，面貌大不相同，且别具风格，是颜体成熟期的代表作之一。宋欧阳修在《集古录》中说："此记遒峻紧结，尤为精悍，此所以或者疑之也。余初亦颇以为惑，及把习久之，笔画巨细皆有法，愈看愈佳，然后知非鲁公不能书也。"宋朱长文评曰："秀颖超举，象其志气之妙。"这是因为此碑书法艺术符合此篇文字所表达的倾心道教神仙的有趣。清何绍基独爱此碑，他认为此记"神光炳峙，朴逸厚远，实为颜书各碑之冠"。清王文治也说："此碑淡逸之气在笔墨蹊径之外，与颜书别种特异，尤可宝

图3-44 颜真卿《逍遥楼刻石》

也。"王澍评曰："公之作此书,盖已退笔,因其势而用之,转益劲健,近乎自然,此其所以神也。"康有为极力称赞："《麻姑坛》握拳透爪,乃是鲁公得意之笔,所谓'字外出力中藏棱'。鲁公诸碑,当以为第一也。"

传此帖本有大、中、小三种,因原石均佚,故难寻佳本。其中,大字本字径约5厘米,现存两种善本:其一为明藩益王朱祐滨重刻本,书法端严整肃(藏于北京故宫博物院);其二为清戴熙跋本的影印本(藏于上海博物馆),点画清晰,极少漫漶。中字本字径近2厘米,首见南宋留元刚《忠义堂帖》,现藏浙江省博物馆。历来金石家著录,均言大、小字本,未及于中字本。元明时期未见重视,清代有多种翻刻中字本行世,已无足观。小字本字径1厘米左右。凡46行,901字。据张彦生《善本碑帖录》,宋刻帖不见收入小字本。明

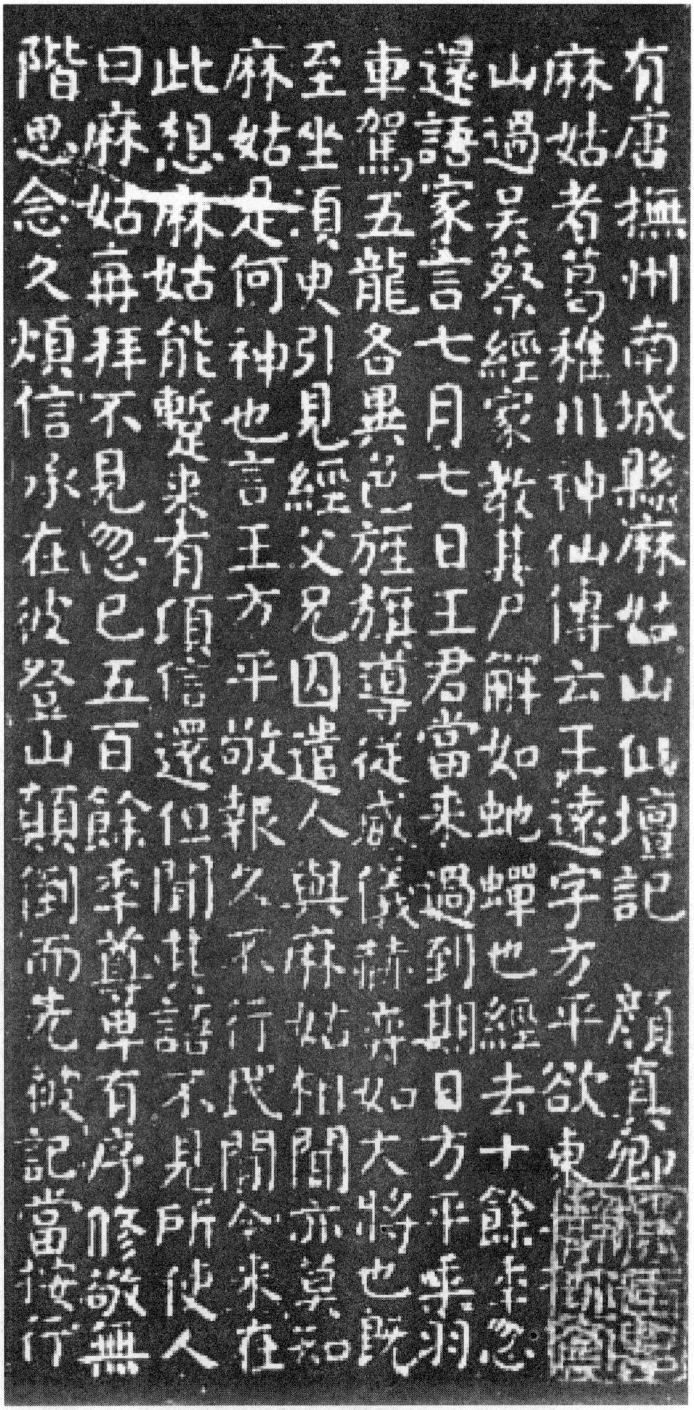

图 3-45 颜真卿《麻姑仙坛记》(局部)

刻《停云馆帖》始收入，世传以南城刻本为贵。最早拓本为上海郭若愚藏本，石完整，字清晰，入藏北京故宫博物院。传世的小字本至为精彩，犹远山入眼，虽其形小，其巍峻之态未变。清王澍评道："颜鲁公书，大者无过《中兴颂》，小者无过《麻姑坛》。然大小虽殊，精神结构无毫发异。熟玩久之，知《中兴》非大，《麻姑》非小，则于颜书思过半矣。"颜书小楷传世绝少，小字本《麻姑山仙坛记》极有神采，形体虽小而壮伟之势不殊。

### 8.《大唐中兴颂摩崖》

《大唐中兴颂摩崖》书于大历六年（771）六月，为颜真卿六十三岁时摩崖擘窠楷书。416.6厘米×422.3厘米。凡21行，行25字。刻于湖南祁阳浯溪崖壁，竖写左行。石崖在北宋晚期就已残损，北宋末年又有多种翻刻。北京故宫博物院藏宋拓本。

图3-46 颜真卿《大唐中兴颂摩崖》（局部）

此刻又称《中兴颂》，碑文系元结于上元二年（761）秋八月所撰，文辞古雅遒劲。其文其书相配，受到世人珍重。欧阳修说："书字尤奇伟，而文辞古雅，世多模以黄绢为图障。"其书雄伟轩昂，沉稳厚重，又畅快豪迈，立于山崖，更显气象壮阔。元郝经极力称赞："书至于颜鲁公，鲁公之书又至于《中兴颂》，故为书家规矩准绳之大匠。河朔尝见三数本，皆完好，而森森如剑戟，有不可犯之色。"明王世贞也给予高度评价："字画方正平稳，不露筋骨，当为鲁公法书第一。"清王澍评曰："有唐一代碑版，颜鲁公最多，率以雄厚胜。独《中兴颂》及《宋广平》二碑淋漓顿挫，态出字外。"梁巘说："颜鲁公《中兴颂》字齐整，宋拓字画清瘦，其精健处斩钉截铁。"其观感与郝经相似。

9.《八关斋会报德记》

《八关斋会报德记》又称《八关斋功德记》，全称《有唐宋州官吏八关斋会报德记》，大历七年（772）五月撰书。唐大中五年（851）田悦补篆额，同年正月崔倬跋。368厘米×83厘米。石幢八面刻，每面8行，行28字。石幢存河南商丘开元寺，北京故宫博物院藏元明间拓本。

安史之乱时，河南节度使田神功受命率兵救睢阳。打退叛军后，百

图3-47 颜真卿《八关斋会报德记》（局部）

姓十分感激他。后田神功大病，地方官设"八关斋会"为其祈福。颜真卿受睢阳官员之邀来到此地，亲身感受到官民拥戴抗叛英雄的真情，受请慨然书《宋州八关斋会报德记》以记之。唐会昌中（841—846）大除佛寺时被推倒埋于土中。大中四年（850）崔倬为是州刺史时访得，原石仅存三、四、五三面。为成其全，崔倬依据前刺史唐氏家藏"模石完本"命人攻治。现存传世最早者为元明间拓本。元明拓本二行"颜"字右下角未损，"真"字可辨，"卿"字存左上角。明中拓本，二行"颜"字右下角稍损，"真"字损甚，"卿撰"二字已泐；明清拓本，"颜"字大损，"真卿撰"全泐，

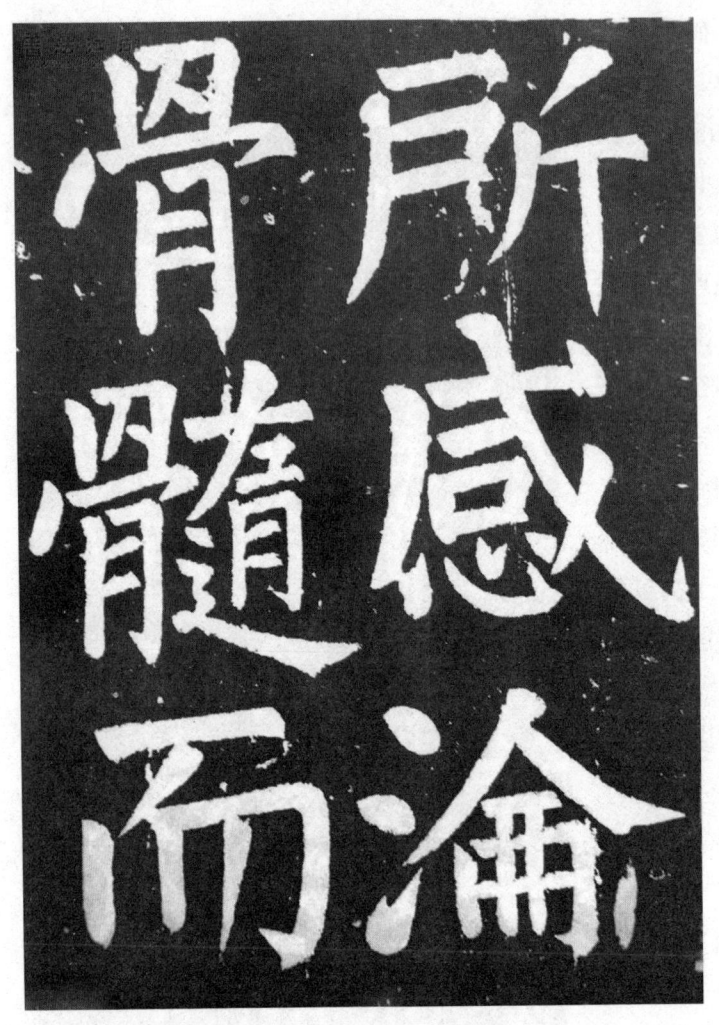

图3-48 颜真卿《八关斋会报德记》（局部）

较元明本损八十余字；清乾嘉间本又损二十余字。北京故宫博物院藏元明拓本，与《金石萃编》底本相较，多五十余字，较上海博物馆藏所称"宋拓明补本"，多三十余字。

《八关斋记》书法雄伟刚劲，用笔兼有篆隶笔意，不为规矩束缚，另具一种雍容气度，显现颜体楷书风格的多样化。明盛时泰评曰："此书在颜碑者最为奇伟，盖以其气象森严，而又不窘束故尔。"王世贞评曰："方正遒劲中别具姿态，真蚕头鼠尾得意时笔也。此书不甚明世，而其格不在《东方》《家庙》下。"然"蚕头鼠尾"之说不甚

确切。康有为《广艺舟双楫》称:"《八关斋》骨肉匀停,绝不矜才使气,昔人以为似《鹤铭》,诚为近之。"

10.《元结墓碑》

《元结墓碑》又称《元次山铭》,全称《唐故容州都督兼御史中丞本管经略使元君表墓碑铭并序》,大历七年(772)撰书。263.3厘米×103厘米。四面刻。阴阳两面各17行,左右各4行,行33至35字不等。碑在河南鲁山县青条岭,元明间拓本藏北京图书馆。

元结,河南鲁山(今河南洛阳)人,字次山,生于开元七年(719),卒于大历七年(772)四月,天宝进士。元结曾师事族兄元德秀,与萧颖士、李华等并为唐代古文运动先行者。参加过讨伐安禄山之战,立有战功。后为通州刺史,政绩显著。颜真卿与之交游,交谊甚洽。此碑结体博大,深厚稳重,折射其人品,故朱长文曰:"观《元次山铭》,则淳涵深厚,见其业履之纯。"

11.《宋璟碑》

《宋璟碑》又称《广平文贞公宋公碑》,全名《有唐开府仪同三司行尚书右丞相上柱国赠太尉广平文贞公宋公神道碑铭》。大历七年(772)撰书。390厘米×200

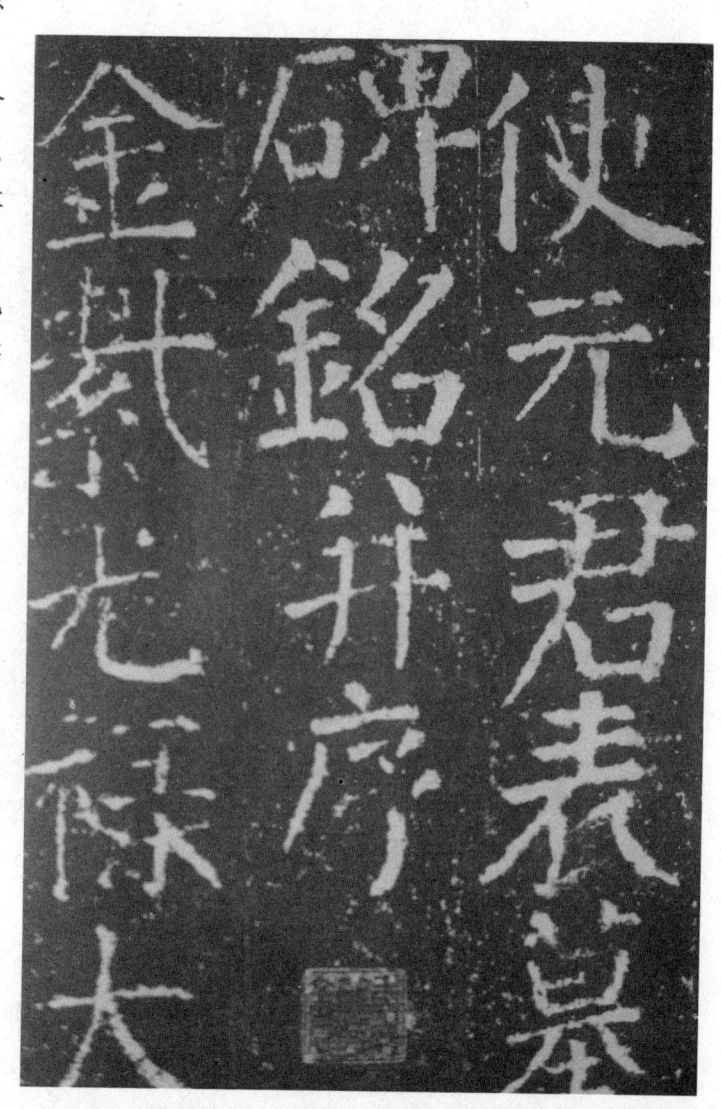

图3-49 颜真卿《元结墓碑》(局部)

厘米×40.01厘米。四面刻。阴阳两面各27行，行52字。一侧7行，行50字；另一侧记大历十三年（778）书铭，均为楷书，字较其他三面小，10行，行70字。有篆书额，5行20字。碑在河北沙河县西北东户村，拓本藏北京故宫博物院。

据《旧唐书》宋璟载："少耿有大节，博学，工于文翰，弱冠举进士……当官正色，则天甚重之。"其历仕三朝，二度为相。唐玄宗开元四年（716）继姚崇为相后，励精图治，改善朝政，革除时弊，终于迎来了"开元盛世"，时有名相"姚宋"之誉。开元二十五年（737）

图3-50 颜真卿《宋璟碑》（局部）

病逝，次年归葬沙河乡先茔。玄宗天宝八载（749）宋璟第四子御史中丞宋浑曾乞御制碑文，因其获罪而罢。二十一年后，大历五年（770）宋璟之孙宋俨为苏州刺史，复请颜真卿书撰碑文，由邢州刺史封演主持，历时两年，立于宋璟墓前。颜真卿调任湖州刺史，撰碑侧记，而此时宋璟第八子宋衡又因案被贬，侧记未获增刻。直到大历十三年（778），才三稿其文而书铭，始建完整。后世所见其碑书法风格不一，即缘上因。

　　该碑文从议立到增刻，前后历时约四十年。正文为颜真卿六十三岁所书，是颜体成熟后的典型书风，方正虚和，奇伟秀拔。碑侧为颜真卿七十岁所书，此时颜书已臻人书俱老之境，高浑绝俗，雍容娴雅。历来评论者大多注意到此碑近褚遂良书风。如清蒋衡说："颜鲁公书法出于褚河南，此《宋文贞公碑》瘦润圆劲，尤得神髓。然细玩数千言，无笔不似，而无一点褚家习气，所谓鲁男子善学柳下惠者也。"王澍说："颜书多以沉雄痛快为工，独《宋广平碑》纡余佚荡，以韵度胜。东坡、元章皆谓颜书自褚出，此碑尤觉全体呈露。"刘熙载也赞美道："鲁公书《宋广平碑》纡余蕴藉，令人味之无极。"这实际上也是看到此碑富于韵味，在颜体书作中有特殊性。关于此碑似褚的问题，今人朱关田有详细解释："其实该碑乃用健笔书写，且多用腕力，不同于鲁公平常粗锋饱墨的擎窠大书……鲁公楷书，多取褚氏结法，大都平画宽结，只是用笔圆动，别有一番浑厚意趣。所以当他一改细挺，便似褚氏风韵，并非是他有意仿写，追求瘦润疏朗的褚家意趣。"

图3-51　颜真卿《宋璟碑》（局部）

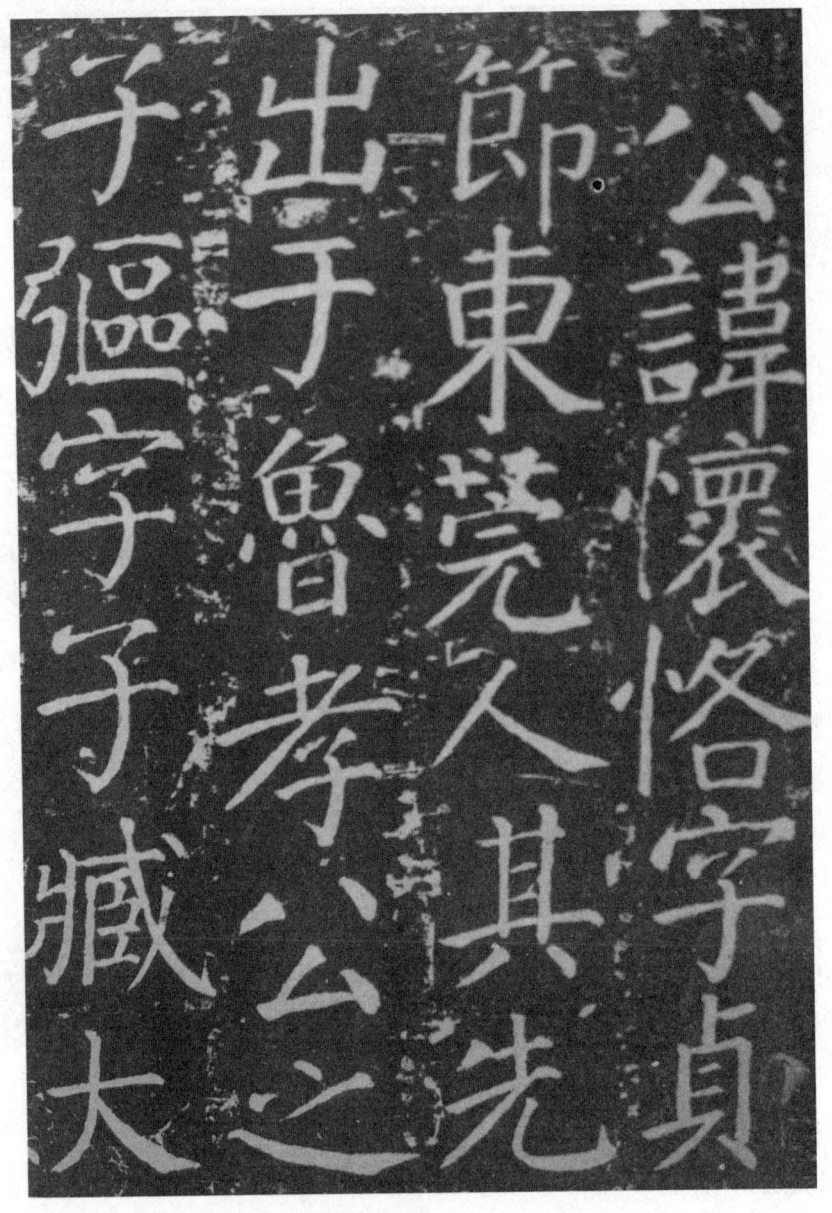

图3-52 颜真卿《臧怀恪碑》（局部）

## 12.《臧怀恪碑》

《臧怀恪碑》全称《唐故右武卫将军赠工部尚书上柱国上蔡县开国侯臧公神道碑》，大历七年（772）撰书。337厘米×180厘米。凡28行，行64至68字不等。碑原在陕西三原县，今藏西安碑林博物馆。北京故宫博物院藏明晚期拓本。

据明都穆《金薤琳琅》说："颜公此刻人间少传。"可见，此碑拓本明时就已少见。此碑笔力峭劲，稍瘦。据《关中金石文字存逸考》载："此碑虽出鲁公手笔，而腕力较弱，似逊他碑。碑内有题字一行，说翰林院待诏、光禄寺卿李秀岩模勒，乃知此碑笔力之弱，实由模勒之故，论书者不可不知也。"王世贞评曰："书法伟劲，不减《家庙》《茅山》。"赵崡评曰："鲁公此书伟劲，而骨稍瘦于《家庙》诸碑，皆可重也。"此碑与相近时期所书都体现出颜体楷书业已成熟而又不断求变的特点。

### 13.《干禄字书》

《干禄字书》，颜元孙撰文，大历九年（774）颜真卿书，刻石。碑下截已短缺，左右两面，一高260厘米，一高236厘米，宽155厘米。两面刻，各5层33行，行9字。篆书题额"颜氏干禄字书"6字。原刻石因模拓漫漶，开成四年（839）刺史杨汉公重新摹刻，尔后亦渐磨灭，现存石刻为南宋绍兴十二年（1142）所刻。正文后刻有句咏题跋："蜀大夫所见惟板刻，尤鲜得见其真。府尹龙阁宇文公（时中）比刺湖州，得鲁公书与杨汉公所摹二本，特为精详……于是俾以杨、蜀二本参校，若颜书之剜缺者，以二本补焉，不可推究者缺之，令通颜书之士摹勒刻石于泮。"

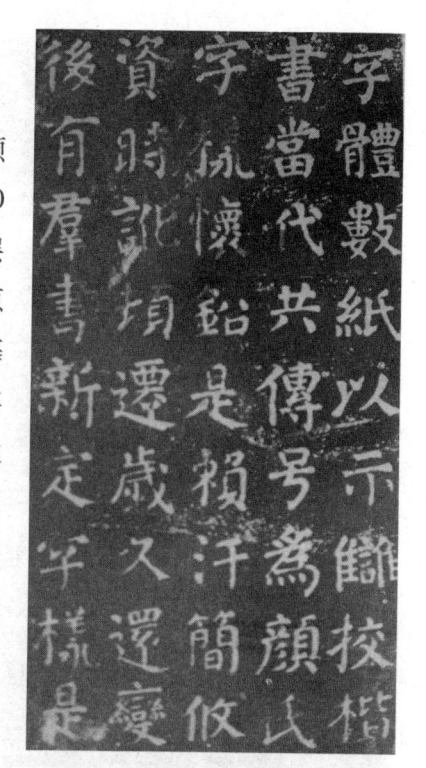

《干禄字书》的文中注释皆用小楷，持重谨严。除小字本《麻姑仙坛记》外，此书为迄今所见颜书刻石字体最小者。欧阳修评曰："鲁公书刻石者多，而绝少小字，惟此注最小，而笔力精劲可法，尤宜爱惜。"宋黄伯思评曰："持重而不局促，舒和而含劲气。"

图3-53　颜真卿《干禄字书》（局部）

### 14.《乞御书天下放生池碑额表》

《乞御书天下放生池碑额表》又称《天下放生池碑铭》，颜真卿乾元二年（759）冬撰并书，次年三月重作擘窠大字，大历八年（773）七月再书，大历九年（774）正月立。楷书，文一篇，表记一篇。35.6厘米×16.5厘米。凡190行，行2至5字不等。据宋王象之《舆地碑目》称："此碑旧在湖州文宣王庙，后移入鲁公祠。原刻已佚，现存留元刚《忠义堂帖》者，仅《乞御书天下放生池碑额表》及《乞御题恩敕批答碑阴记》二帖。"

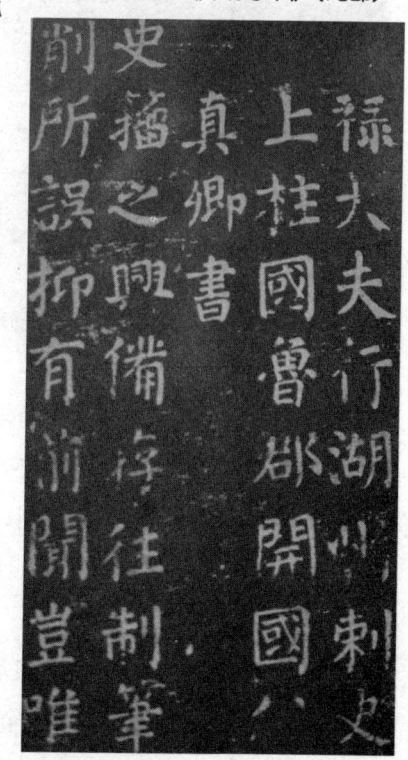

据《乞御书天下放生池碑额表》记载，乾元二年（759）冬月，颜真卿升州（今江苏南京）刺史任上，肃宗命左骁卫右郎将史元琮、中使张庭玉诏，于

图3-54　颜真卿《干禄字书》（局部）

天下州县临江带郭处各置放生池，始于洋州兴道县，终于升州江宁秦淮太平桥，凡八十一所。颜真卿自书绢写碑铭一本。上元元年（760）七月，任刑部侍郎时，又上表奏乞。考虑前书"点画稍细，恐不堪经久"，又"擘窠大书一本"。至大历八年（773）在湖州追立时，颜真卿已经三书其文。至大历九年（774）七月二十七日又书铭《乞御书天下放生池碑额表》及《乞御书题恩敕批答碑阴记》，并立于骆驼桥东。颜真卿时年六十六岁。

### 15.《殷君夫人颜氏碑》

《殷君夫人颜氏碑》全称《杭州钱塘县丞殷府君夫人颜君神道碣铭》，此碑是颜真卿为其姑殷履直夫人颜真定追立的。大历十二年（777）书并篆额。碑连额190厘米×54厘米×24厘米。四面环刻，阴阳各9行，

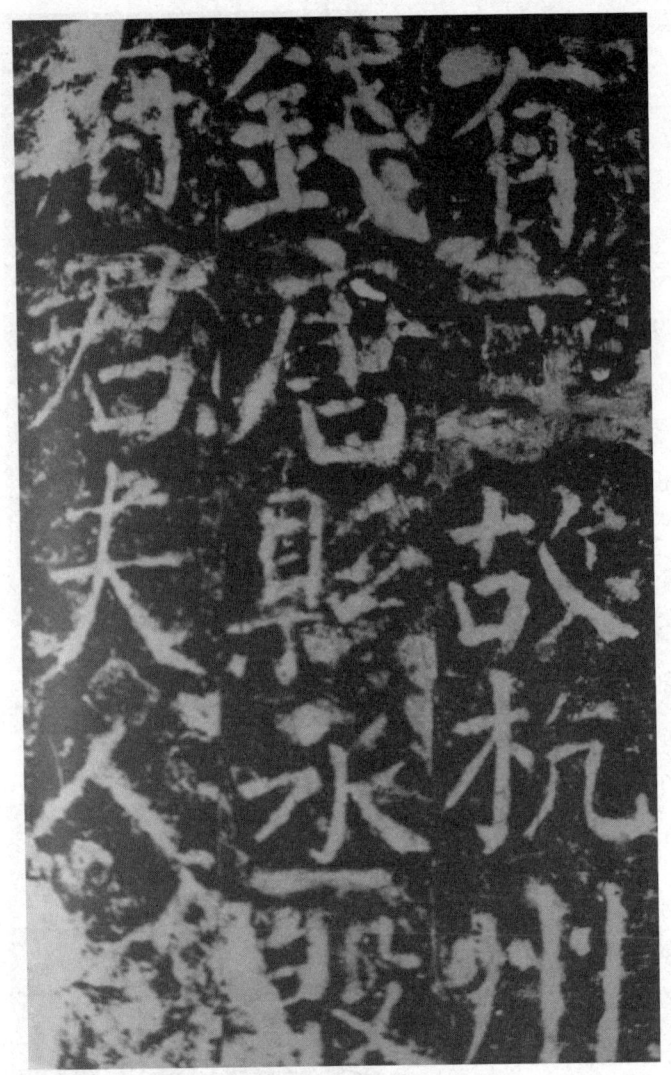

图 3-55 颜真卿《殷君夫人颜氏碑》（局部）

两侧各4行，行29字。额横题"唐钱塘丞殷君夫人颜君之碑"12字，分刻两面。碑原在河南洛阳玉虚观。元明间，碑埋入土中，清乾隆年间出土。碑上有"乾隆五十九年十月昭女张夔敬观"字样。

此碑现存最早本为元明间未入土前的拓本。据《校碑随笔》载："此碑碑阳中断，剥落殊甚。旧拓本第二行'金紫'之'紫'下微损，次之则'紫'之'系'下泐作'幺'，然未泐及第三行'人'字。今则'紫'字惟余其

首,而'人'字末笔亦与石花并矣。"清王昶《金石萃编》录文已不全。

16.《李玄靖碑》

《李玄靖碑》又称《李含光碑》,全称《有唐茅山玄靖先生广陵李君碑铭并序》。大历十二年(777)撰书。楷书,碑文一通。渤海吴崇休镌石。约333厘米×108厘米×34厘米。四面刻,前后各19行,两侧各4行,行39字。碑原在江苏句容茅山玉晨观,已断为碎块。经清乾隆、咸丰年间多人收访,又经战乱,至同治时,残石仅存600多字。

李玄靖,字含光,神仙道教上清派陶弘景第五代传人,广陵江都(今江苏扬州)人,卒于大历四年(769),玄靖为其道号。颜真卿乾元二年(759)升州刺史任上与他结交,相知几近十年,且其亲属殷淑、韦渠牟并为玄靖门人,在升州任时,颜真卿与其二人"尝接采真之游,绪闻含一之德"。所以极称其德行,谓之"天下道学之宗"。

此碑结体宽舒,兼采篆隶法,苍劲古朴,拙而不求工巧,是颜体晚年再变的代表作之一。王世贞评曰:"结体

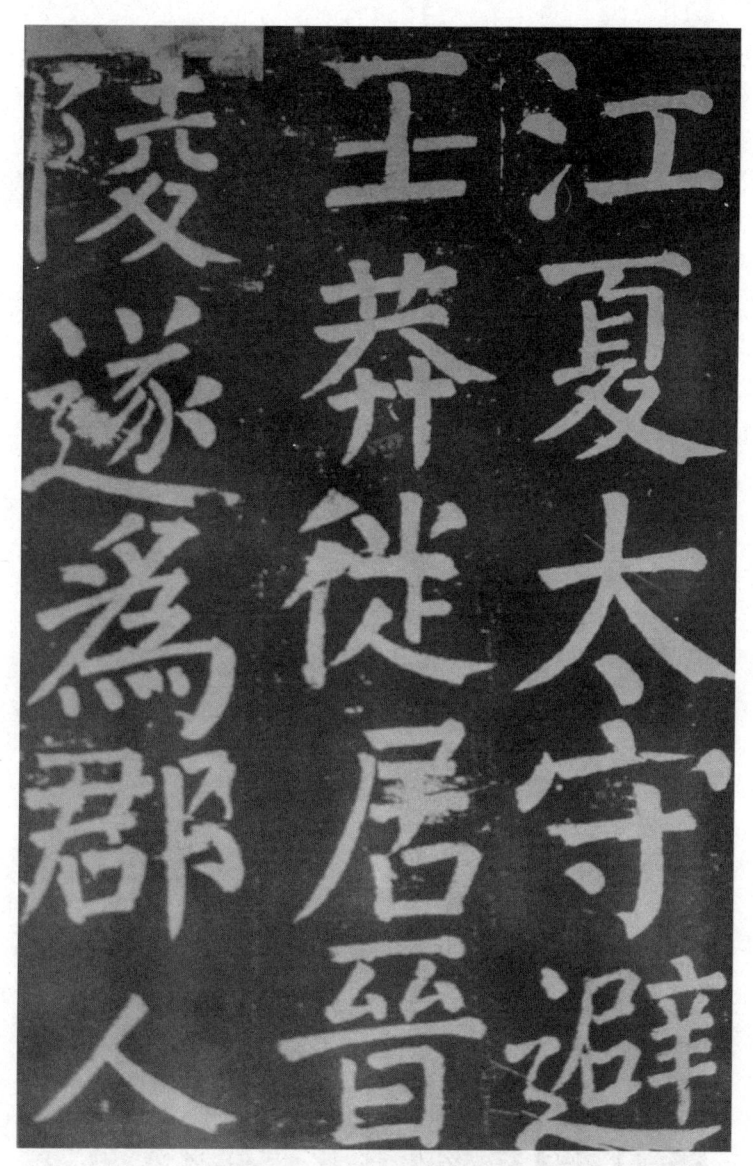

图3-56 颜真卿《李玄靖碑》(局部)

图3-57 颜真卿《颜勤礼碑》(局部)

与《家庙》同,遒劲郁勃,故是诚悬鼻祖。然视虞永兴、褚河南,间间气象,不无小乏。"王世贞说下开柳公权,确实不错;认为少虞世南、褚遂良之和美安详,则书风本非一派。王澍说:"昔人称此碑笔法与《家庙》同。余按鲁公晚年所书碑,跌宕莫如《宋广平》,肃恬莫如《家庙》,此碑风格正在《广平》《家庙》之间,信是鲁公极笔。"总之,此碑与几年后所书《颜氏家庙碑》风貌相似。梁巘则说:"古雅清圆,带有篆意,与《元次山碑》相似,乍看去极散极拙,多不允称,而其实古意可掬。"又说:"鲁公字到《李玄靖碑》已古。"不是初学者能学到家的。

17.《颜勤礼碑》

《颜勤礼碑》全称《唐故秘书省著作郎夔州都督府长史上护军颜公神道碑》,立于大历十四年(779)。颜真卿撰并刊立此碑时,年七十一岁。楷书,碑文一通。175厘米×90厘米×22厘米。碑四面环刻,存书三面。碑阳19行,碑阴20行,行38字。左侧5行,行37字。右侧上半宋人刻"忽惊列岫晓来逼,朔雪洗尽烟岚昏"14字,下刻民国宋伯鲁题跋。现存西安碑林博物馆,北京故宫博物院藏初拓本。

此碑用笔劲健有力，外观丰满而气骨内蕴，表现出"颜筋"的风采；多取篆意，易方为圆，落笔藏锋，自然含蓄；横轻竖重，表现得很明显；结体匀整稳重，向外撑足，笔画间避让有序，外密中疏而疏密适当，从而开阔舒展，大方端庄。观此碑，通篇大气磅礴，雄强厚重，同时又体现了颜体晚年寓巧于拙、洒脱自如的特点。此碑长期埋没，1922年重新出土，未经捶拓，故保持书法原貌，神采奕奕，最应珍视。

18.《扶风王马璘碑》

《扶风王马璘碑》又名《赠司使马璘新庙碑》，全称《尚书左仆射扶风王马璘碑》，大历十四年（779）六月书。程浩撰文，韩秀实隶书额。碑已残损，仅存5石共22行。碑存西安碑林博物馆。

图3-58　颜真卿《颜氏家庙碑》（局部）

是碑著录首见欧阳修《集古录》，后晦。直至清光绪十六年（1890）始出土于西安藩署，惜已残损为5石，且字多漫漶，约存400余字。

初出土时无跋,后增刻陶子方的跋文。

### 19.《颜氏家庙碑》

《颜氏家庙碑》全称《唐故通议大夫行薛王友柱国赠秘书少监国子祭酒太子少保颜君碑铭》,系颜真卿为其父颜惟贞刊立。建中元年(780)六月撰文,李阳冰篆书额。四面刻,阴阳两面各24行,行47字;碑侧各6行,行52字;额3行计6字,阴额题名10行,行9字。

立此碑意在颂扬祖德,告慰先人,故书写时心境肃穆庄重,平和朴实。用笔凝重,筋骨强健,多取篆意,结体朴拙,不加雕饰。通篇含蕴雄伟风力、深厚韵味,可谓炉火纯青,是颜真卿晚年代表作品之一,体现出颜体成熟以后再变的特征。王世贞赞道:"览之风棱秀出,精彩注射,劲节直气,隐隐笔画间。""余尝评颜鲁公《家庙碑》,以为今隶中之有玉筋体者,风华骨格,庄密挺秀,真书家至宝。"王澍说:"评者议鲁公书'真不及草,草不及稿',以太方严为鲁公病,岂知宁朴无华,宁拙无巧,故是篆籀正法。此《家庙碑》乃公用力深至之作……年高笔老,风力遒厚,又为家庙立碑,挟泰山岩岩气象,加以俎豆肃穆之意,故其为书庄严悫,如商周彝鼎,不可逼视。"

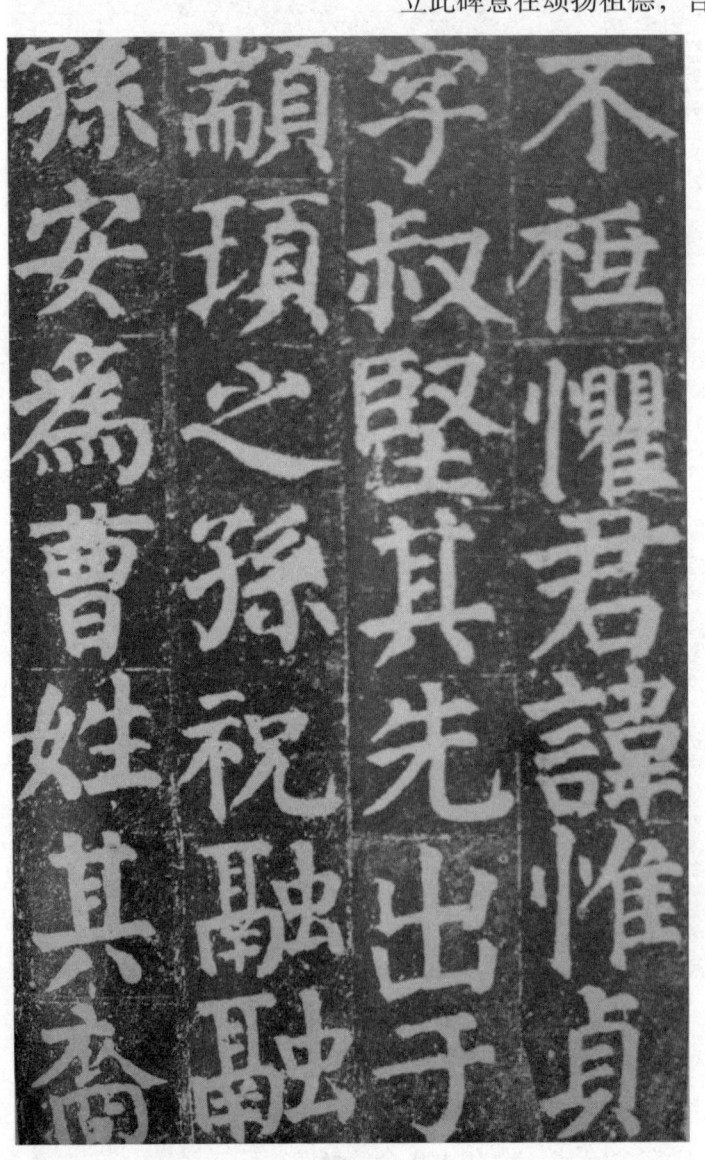

图 3-59 颜真卿《颜氏家庙碑》(局部)

就此碑用笔而言，他们都指出取法于篆书。颜体的这一特点在晚年代表作品中体现得非常明显。

20.《自书告身帖》

《自书告身帖》又称《自书太子少师告》，书于建中元年（780）八月。楷书，凡33行，计255字，传为颜真卿所书的墨迹。书法苍劲谨严，沉稳厚重，结衔小字亦一丝不苟，清淡绝伦，其字里行间可体会出颜书行笔的气韵和结体的微妙变化。

此帖后有蔡跋："鲁公末年告身，忠贤不得而见也。莆阳蔡襄斋戒以观，至和二年十月廿三日。"米跋："右颜真卿自书告。绍兴九年四月七日，臣米友仁恭览、审定。"继蔡、米之跋，又有董其昌跋："官告世多传本，然唐时如颜平原书者绝少。平原如此卷之奇古豪荡者又绝少。米元晖、蔡君谟既已赏鉴矣，余何容赞一言。董其昌。"詹景风称此书："书法高古苍劲，一笔有千钧之力，而体合天成。其使转真如北人用马，南人用舟，虽一笔之内，时富三转。"此帖字里行间可体会出颜书行笔的气韵和结体的微妙变化，是后人学习楷书不可多得的良范。

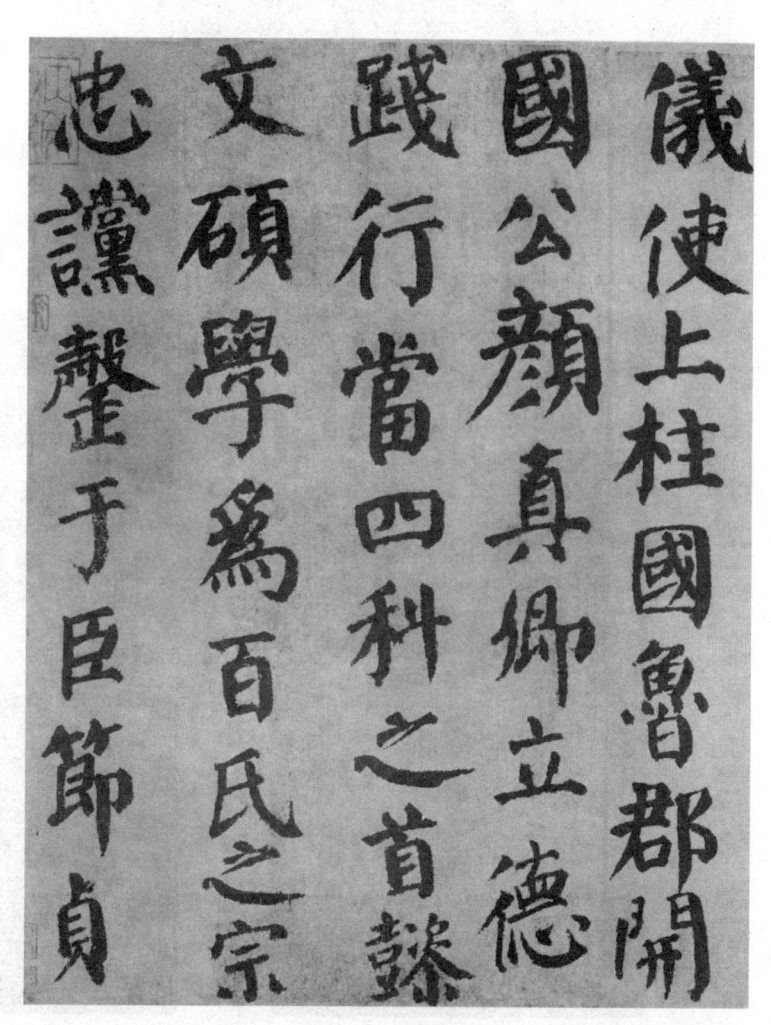

图3-60 颜真卿《自书告身帖》（局部）

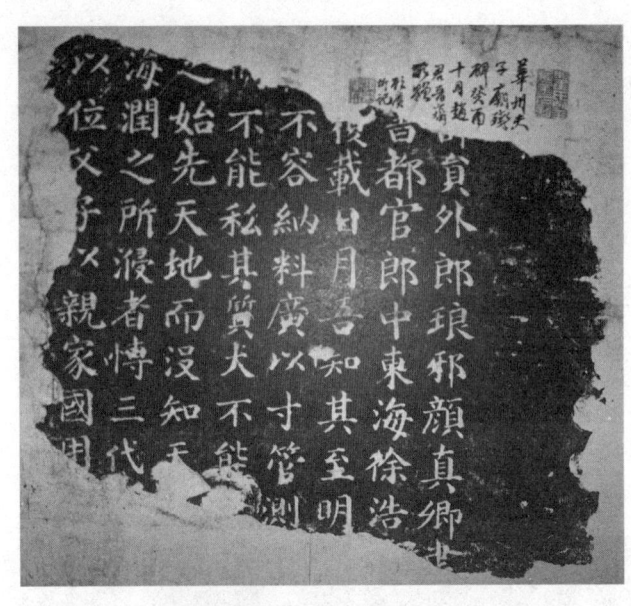

图3-61 颜真卿《扶风夫子庙碑》(局部)

## 21.《扶风夫子庙碑》

《扶风夫子庙碑》程浩撰文，颜真卿楷书，徐浩篆额。其书法端庄遒逸。残石在陕西华县，仅存8行70余字。拓本藏北京图书馆。

对此碑历有争议。一说石旧在杭州，久佚。大历二年（767）立。重刻本有三：一在华州（今陕西华县），存8行共67字，另存半字6；二在西安碑林；三在安徽当涂。一说天宝十一载（752）立，明万历年间出土，为华阴王氏藏，石在陕西华县。

图3-62 颜真卿《扶风夫子庙碑》(局部)

清《金石萃编》载："此碑文为程浩作，固无可疑。其书碑、篆额结衔与作文之年不合，当必有传刻托名之误。而在华州则或是残石易于转徙，未可知也。"

22.《张敬因残碑》

《张敬因残碑》又称《赠和州刺史张敬因碑》。年月无考。碑石已佚，形制不详，拓本所见已残损过甚，今存凡8行，行4至6字。另存漫漶小字5行。

撰书者和镌立年月均泐。著录首见欧阳修《集古录跋尾》卷七，记为颜真卿撰并书。碑原在许州临颍县民田中，宋庆历初（1041—1043）有知此碑者前往拓模，民家患其践田稼，遂将碑击碎。欧阳修曾得残缺者七段。此碑虽仅存二三十字，但从字体上来看，却也宽博深厚，神韵肃然，不失颜真卿大历书风。

图3-63　颜真卿《张敬因残碑》（局部）

除楷书作品外，颜真卿著名的行草书作品有：

1.《祭侄文稿》

《祭侄文稿》又称《祭侄季明文稿》，乾元元年（758）书。麻纸墨迹本，行草书，文稿一篇。28.16厘米×72.32厘米。凡25行，计334字。

此文稿追叙了常山太守颜杲卿父子一门在安禄山叛乱时，挺身而出，坚决抵抗，以致"父陷子死，巢倾卵覆"、取义成仁之事。季明为杲卿第三子，真卿堂侄。其父与真卿共同讨伐安禄山叛乱时，他往返于常山、平原之间，传递消息，使两郡联结，共同效忠王室。其后常山郡失陷，季明横遭杀戮，归葬时仅存头颅。颜真卿援笔作文之际，悲愤交加，情不自禁，一气呵成此稿。故用笔纵横挥洒，姿态横生，不经意而有自然生动之妙。通篇波澜起伏，时而沉郁痛楚，声泪俱下；时而低回掩抑，痛彻心肝，堪称动人心魄的悲愤之作。

元代张敬晏题跋云："告不如书简，书简不如起草。盖以告是官作，虽楷端终为绳约；书简出于一时之意兴，则颇能放纵矣；而起草又出于无心，是其手心两忘，真妙见于此也。"元鲜于枢在《书跋》中称："唐太师鲁公颜真卿书《祭侄季明文稿》，天下第二行书。"此评为历代书家公认。南宋末陈深说："详玩此帖，纵笔浩放，一泻千里，时出遒劲，杂以流丽，或若篆籀，或若镌刻。其妙解处殆出天造，岂非当公注思为文，而于字画无意于工，而反极其工耶！"清王澍评曰："鲁公痛其忠义身残，哀思勃发，故萦纡郁怒，和血迸泪，不自意其笔之所致，而顿挫纵横，一泻千里，遂成千古绝调。"真情流露，笔下纵横，一气呵成，无意于书而书自工，这是众多评论者的一致看法。也正是

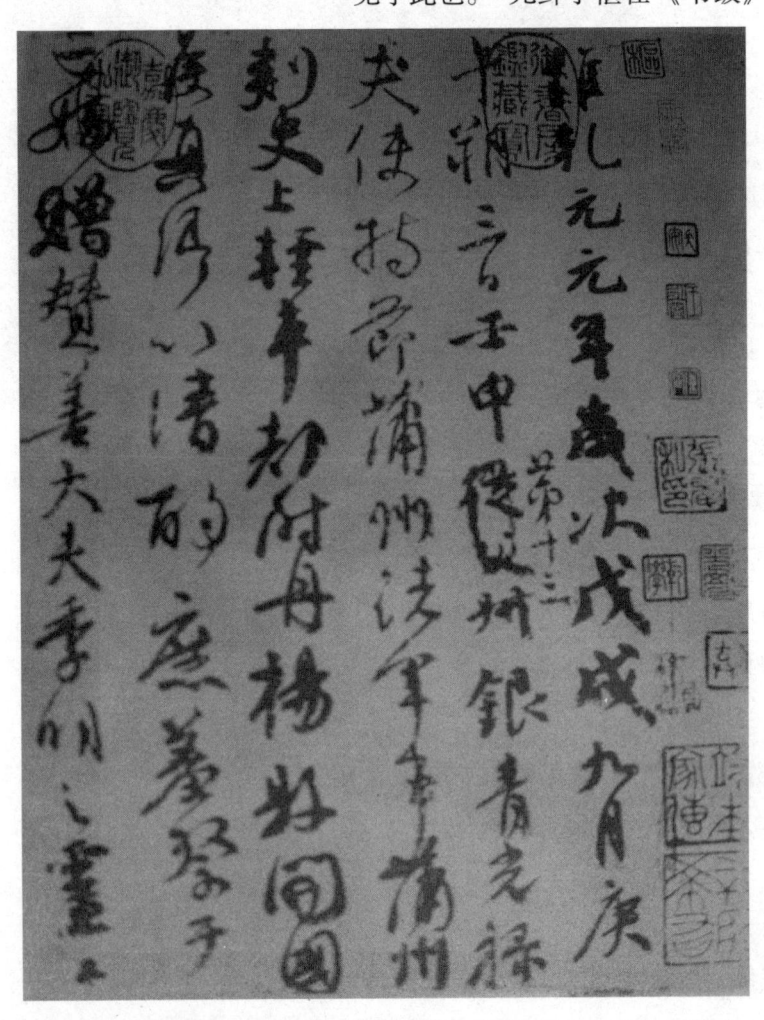

图 3-64 颜真卿《祭侄文稿》（局部）

因为无意于书,所以能将长期积累而成的笔力功底极其自然地发挥出来。用笔参篆籀笔法,圆转遒劲,点画连贯处痛快淋漓,转折处锋毫变换,轻重多端。结体牵连映带,线条流动时疾时徐,跌宕多姿。空间疏密相生,密集处不显拥挤,疏朗处不显空虚,深得行草书"计白当黑"的意趣。稿中有大量渴笔,笔迹枯涩,与润泽处形成对比,这与书写时心情的急剧变化相一致。通观全篇,可以感受到颜真卿当时的情绪波动,体会其刚直性格。开始几行,结体端正,可知尚能控制感情。以下逐渐潦草,运笔快疾,末尾几行字由行趋草,尤其有一泻千里之势,反映出感情之激烈。自"呜呼哀哉"以下,节奏加快,涂改增多,想见悲痛郁积,泪尽泣血。最后一行"呜呼哀哉尚飨"数字已成狂草,表明作者悲痛之情已至极点,笔尽而势不尽。

2. 《祭伯父文稿》

《祭伯父文稿》又称《告伯父文稿》,全称《祭伯父濠州刺史文》。乾元元年(758)书,行草书,文稿一篇。凡36行,计410字。原刻早佚,见宋《甲秀堂帖》本。

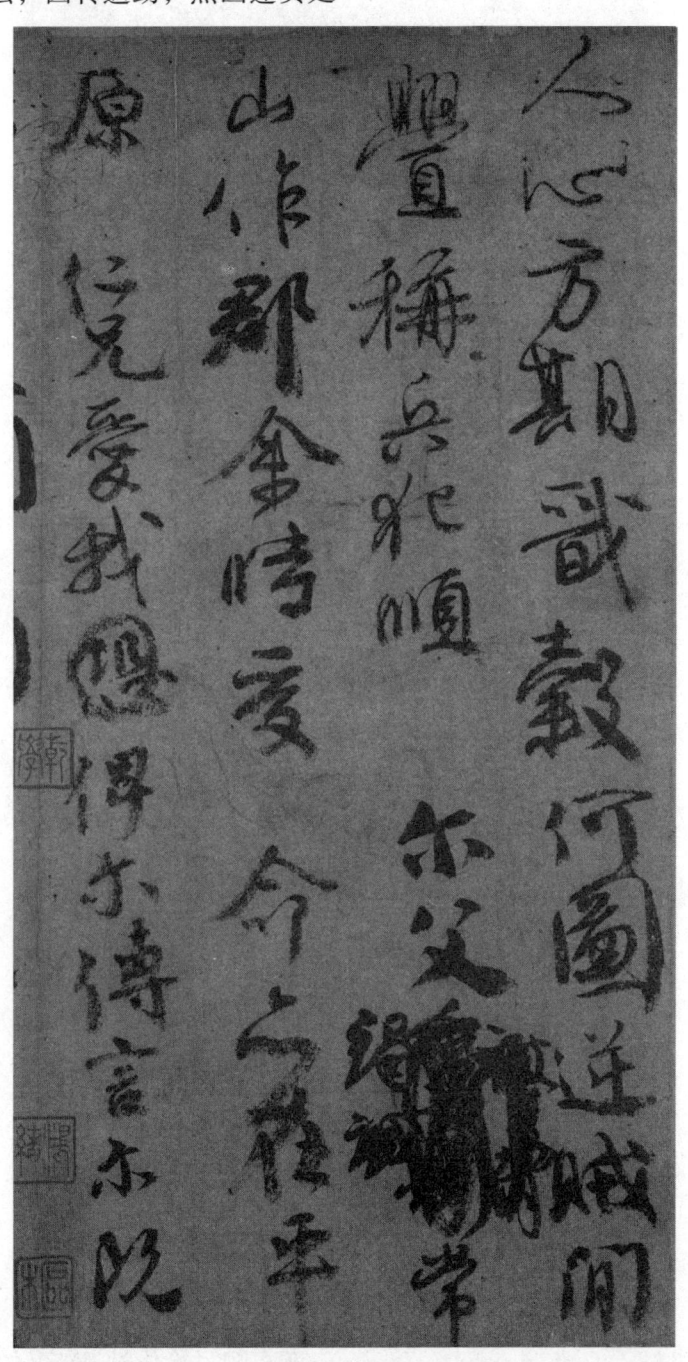

图 3-65 颜真卿《祭侄文稿》(局部)

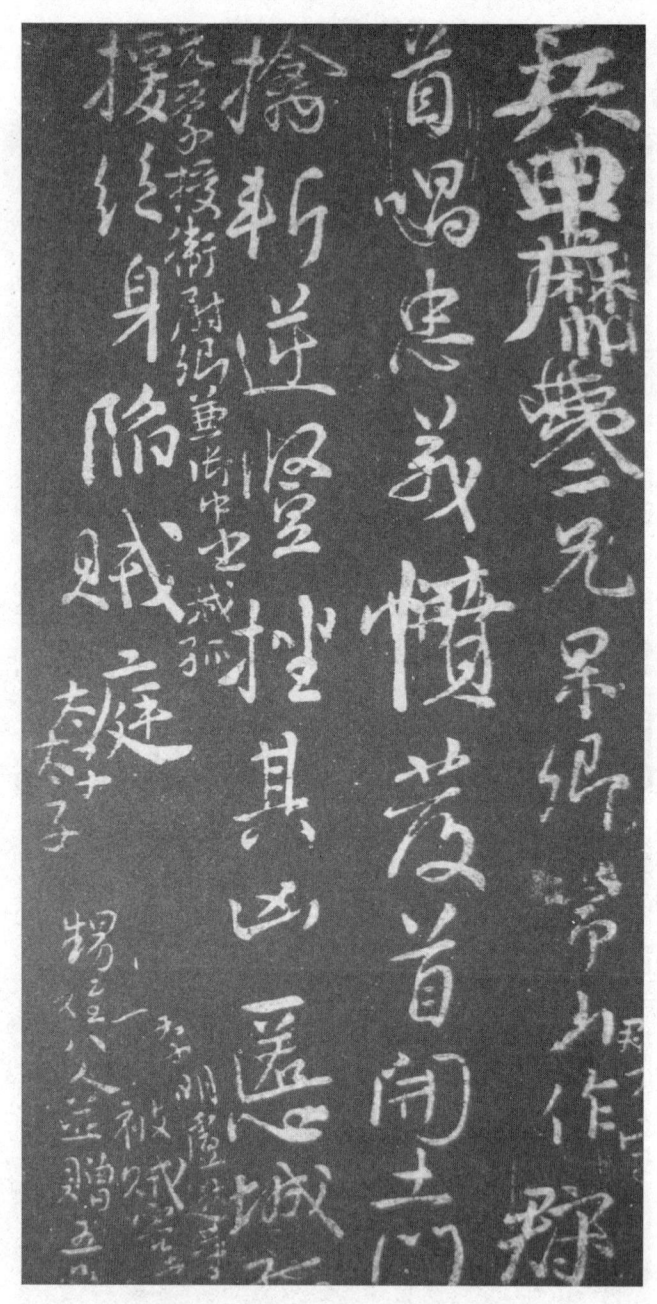

图 3-66　颜真卿《祭伯父文稿》(局部)

乾元元年颜真卿被诬劾，贬饶州刺史（治今江西鄱阳），途经洛阳时，仓促奠告其伯父颜元孙及其一门去世者。此即为祭文稿本。或行或草，刚劲圆熟，在用笔上中锋运转，沉着凛然，不取侧锋之妍，故溢盈篆穆气息。且一任纵笔，无意工拙，不计其布局，然每字活泼圆劲，行气贯串，全篇风神洒脱。明王世贞曾以此帖与《祭侄文稿》比较，说："此帖与《祭季明侄稿》法同而顿挫郁勃似少逊之，然风神奕奕，则《祭季明侄稿》似不及也。"王澍亦指出："《祭季明稿》心肝抽裂，不自堪忍，故其书顿挫郁屈，不可控勒。此《告伯父文》心气和平，故容夷婉畅，无复《祭侄》奇崛之气。所谓'涉乐方笑，言哀已叹'，情事不同，书法亦随以异，应感之理也。"

3.《争座位帖》

《争座位帖》亦称《论座帖》《与郭仆射书》，书于代宗广德二年（764）十一月。凡 70 行，计 1187 字，为颜真卿这一时期的行草书精品，唐广德二年颜真卿写给仆射郭英乂的书信手稿。"乡里上齿，宗庙上爵，朝廷上位，皆有等"。然而郭英乂为了献媚宦官鱼朝恩，在菩提寺行香兴道之会，两次把鱼朝恩排于尚书之前，抬高宦官的座次。为此颜真卿引历代及唐代成规抗争之，写下此长信。此稿系颜真卿因不满权奸的骄横跋扈而奋笔疾书的作品，故通篇刚烈之气跃然纸上。许多字与行写得豪宕尽兴，姿态飞动，虎虎有生气，似乎也显示了他刚强耿直而朴实敦厚的性格。宋代米芾在《书史》中说："此帖在颜最为杰思，想其忠义愤发，顿挫郁屈，意不在字，天真罄露在于此书。"此帖本是一篇草稿，作者凝思

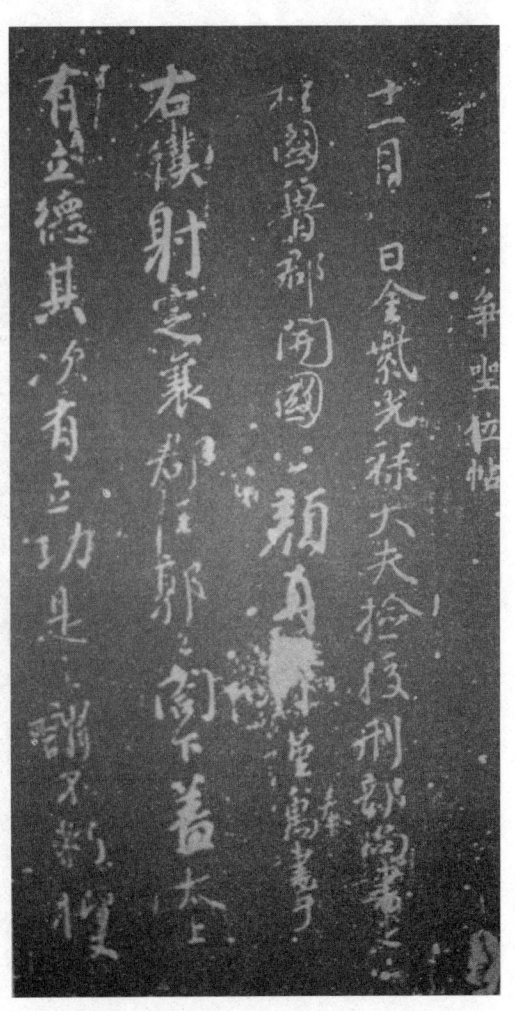

图 3-67　颜真卿《争座位帖》（局部）

于词句间，本不着意于笔墨，却写得满纸郁勃之气横溢，成为书法史上的名作，入行草最佳范本之列，后世以此帖与《兰亭序》合称"双璧"。米芾《书史》："《争座位

帖》有篆籀气，为颜书第一，字相连属，诡异飞动，得于意外。"苏轼曾于安氏处见真迹赞曰："此比公他书尤为奇特，信手自书，动有姿态。"

4.《鹿脯帖》

《鹿脯帖》为永泰元年（765）书。行书，信札。35.6厘米×16.5厘米。凡9行，计82字。浙江省博物馆藏南宋留元刚《忠义堂帖》本。

此帖著录首见于宋米芾《书史》，刻本存南宋《忠义堂帖》，为颜真卿与李光进书。李光进是李光弼之弟，官至太子太保兼御史大夫。帖中称："病妻服药，要少鹿肉，干脯有新好者，望惠少许。"颜夫人韦氏其时正在病中，需鹿肉佐药，可见其家境艰难。帖原为安师文旧物，《忠义堂帖》刻本当是墨迹摹勒上石者，远胜其他宋拓。

5.《鹿脯后帖》

《鹿脯后帖》永泰元年（765）书。行书，信札。35.6厘米×16.5厘米。凡6行，计58字。浙江省博物馆藏南宋留元刚《忠义堂帖》本。

是帖著录首见于宋周密《云烟过眼录》，刻本存《忠义堂帖》，为颜真卿与太子太保李光进书。帖云："惠及鹿脯，甚慰所望。"可见，是颜真卿

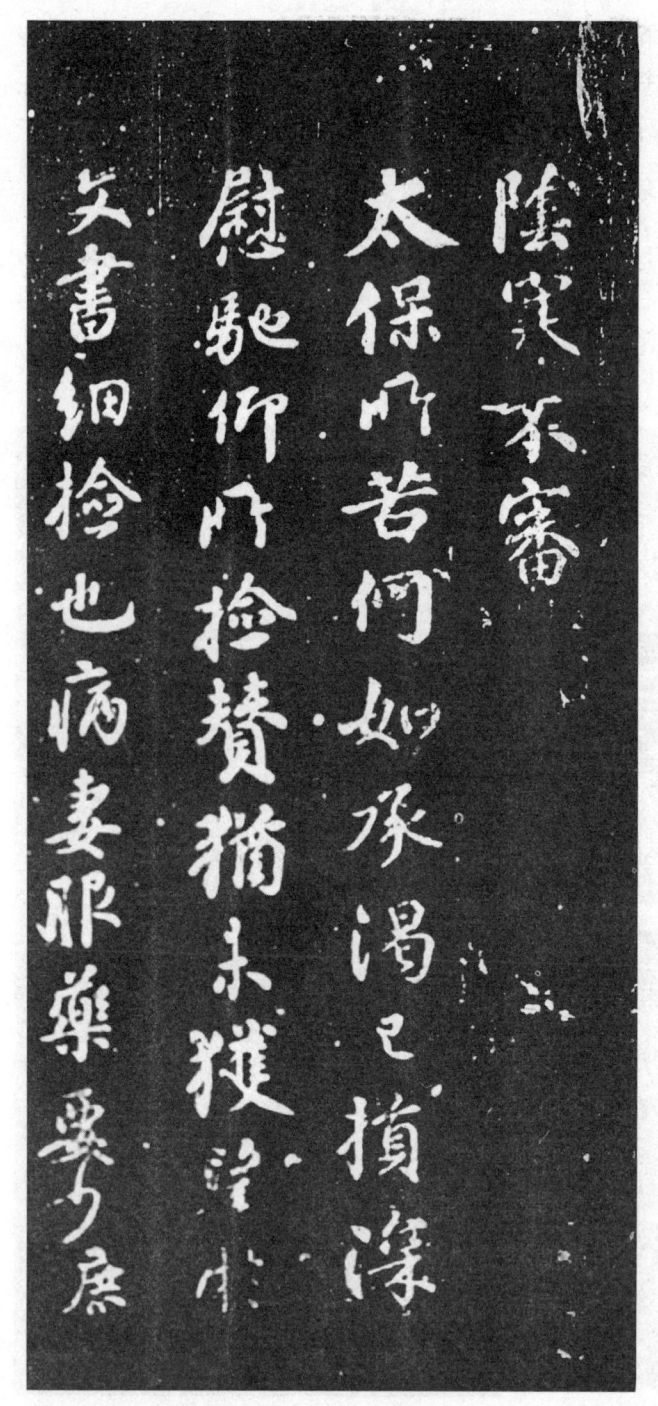

图 3-68 颜真卿《鹿脯帖》（局部）

向李光进乞得鹿脯后所书。

6.《捧袂帖》

《捧袂帖》又名《与李大夫奏事》，约书于永泰元年（765）。行书，信札。35.6厘米×16.5厘米。凡10行，计112字。浙江省博物馆藏南宋留元刚《忠义堂帖》本。

此帖著录首见于宋米芾《宝章待访录》，刻本存《忠义堂帖》。

7.《乞米帖》

《乞米帖》约书于永泰元年（765）。行书，信札。36.5厘米×16.5厘米。凡4行，计44字。浙江省博物馆藏南宋留元刚《忠义堂帖》本。

据宋欧阳修《集古录》云："此本墨迹在余亡友王子野家。子野生于相家而清苦甚寒士，尝模帖刻石遗于朋友。"米芾《宝章待访录》云："真帖楮纸在朝请郎苏处，度支郎中舜元子也。得于关中安氏，士人多有临拓本。此卷古玉轴，缝有'舜元'字印，范仲淹而下题跋。"后真迹迷失。可见北宋时，已有临拓本传世。《忠义堂帖》不见"舜元"字印及诸人题跋，当是以模本入石者。

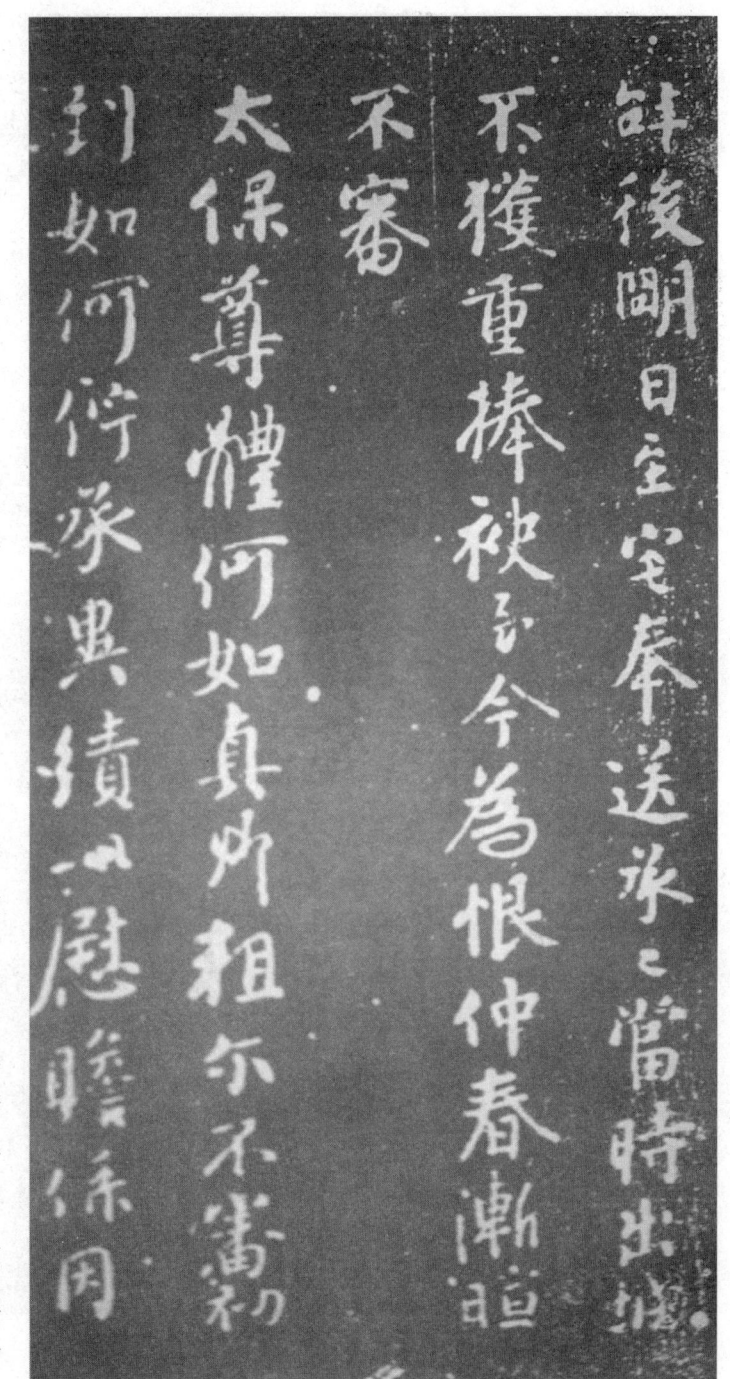

图3-69　颜真卿《捧袂帖》（局部）

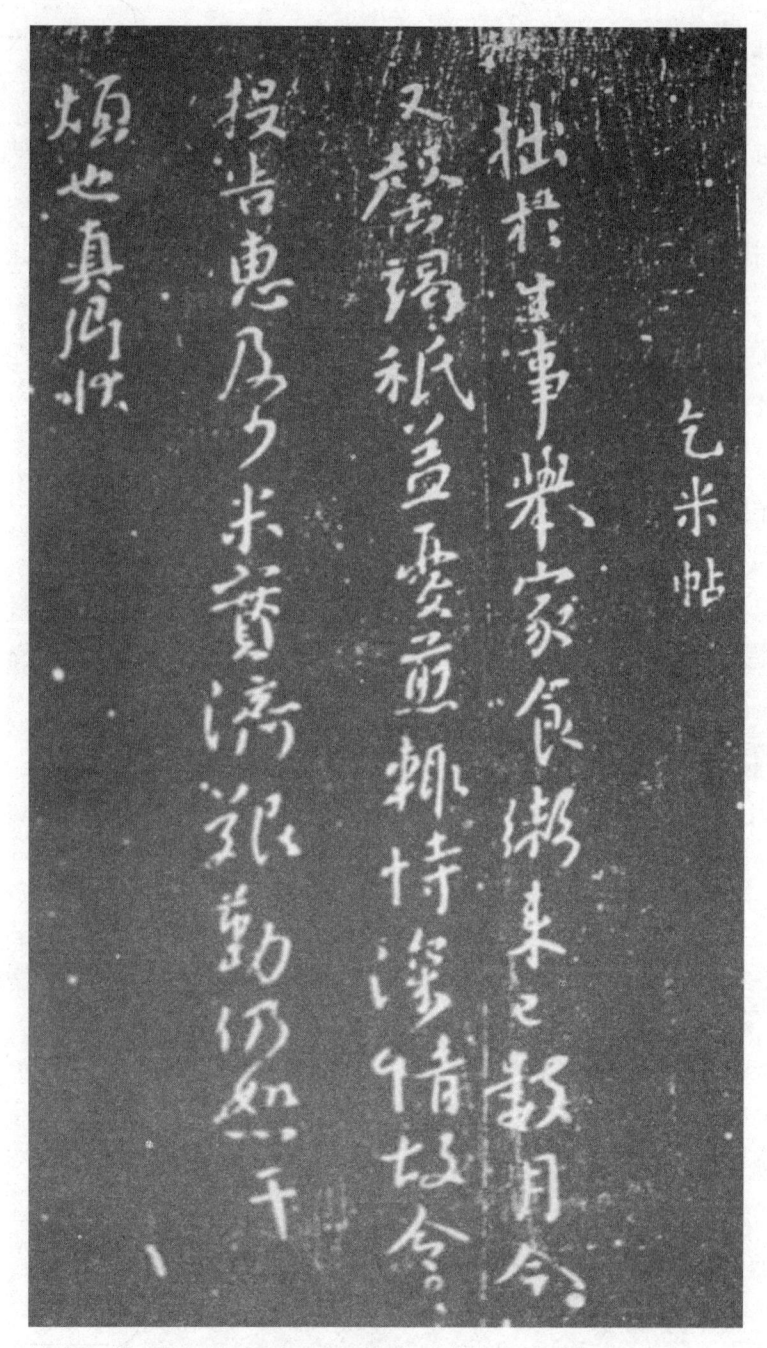

图 3-70　颜真卿《乞米帖》（局部）

## 8.《朝回帖》

《朝回帖》又称《马病帖》，约书于永泰元年（765）。行书，信札。35.6厘米×16.5厘米。凡6行，计62字。浙江省博物馆藏南宋留元刚《忠义堂帖》本。

据岳珂《宝真斋法帖赞》云："《朝回帖》真迹一卷，文与秘阁帖相似，而小大不同。"可见，真迹在宋时尚存世间，且已刻入内府阁帖中，其后不知真迹下落。又云："公忠节贯穹壤，笔法贯古今。胸中所存，凛凛不屈；笔下是似，言言如生。百世而下，尚可拜而仰也。"

黄本骥《颜鲁公文集》收颜真卿与李光进太保书共八帖，《捧袂帖》《鹿脯前帖》《鹿脯后帖》《乞米帖》《朝回帖》等均在其中。

## 9.《南来帖》

《南来帖》约书于永泰元年（765）。行书，信札。35.6厘米×16.5厘米。凡4行，计28字。浙江省博物馆藏南宋留元刚《忠义堂帖》本。是帖下部已缺损，第一、二行末均缺一字。

### 10.《与蔡明远帖》

《与蔡明远帖》于乾元三年（760）书。行书，信札。35.6厘米×16.5厘米。凡22行，计138字。浙江省博物馆藏南宋留元刚《忠义堂帖》本。

蔡明远追随颜真卿，勤劳诚恳，颜真卿予以赞扬与感谢。此帖笔力坚劲沉着，节奏和缓，气韵恬淡，表现处逆境时宁静的心态。全篇同时也流露出感谢与关切之情，神情贯注，精力饱满。黄庭坚非常欣赏此帖，加意临摹，说："极力追之，不能得其仿佛。"又说："笔意纵横，无一点尘埃气，可使徐浩服膺，沈传师北面。"明董其昌临颜书，说："颜书惟《蔡明远序》尤为沉古，米海岳一生不能仿佛。盖亦为学唐初诸公书，稍乏骨气尔。"

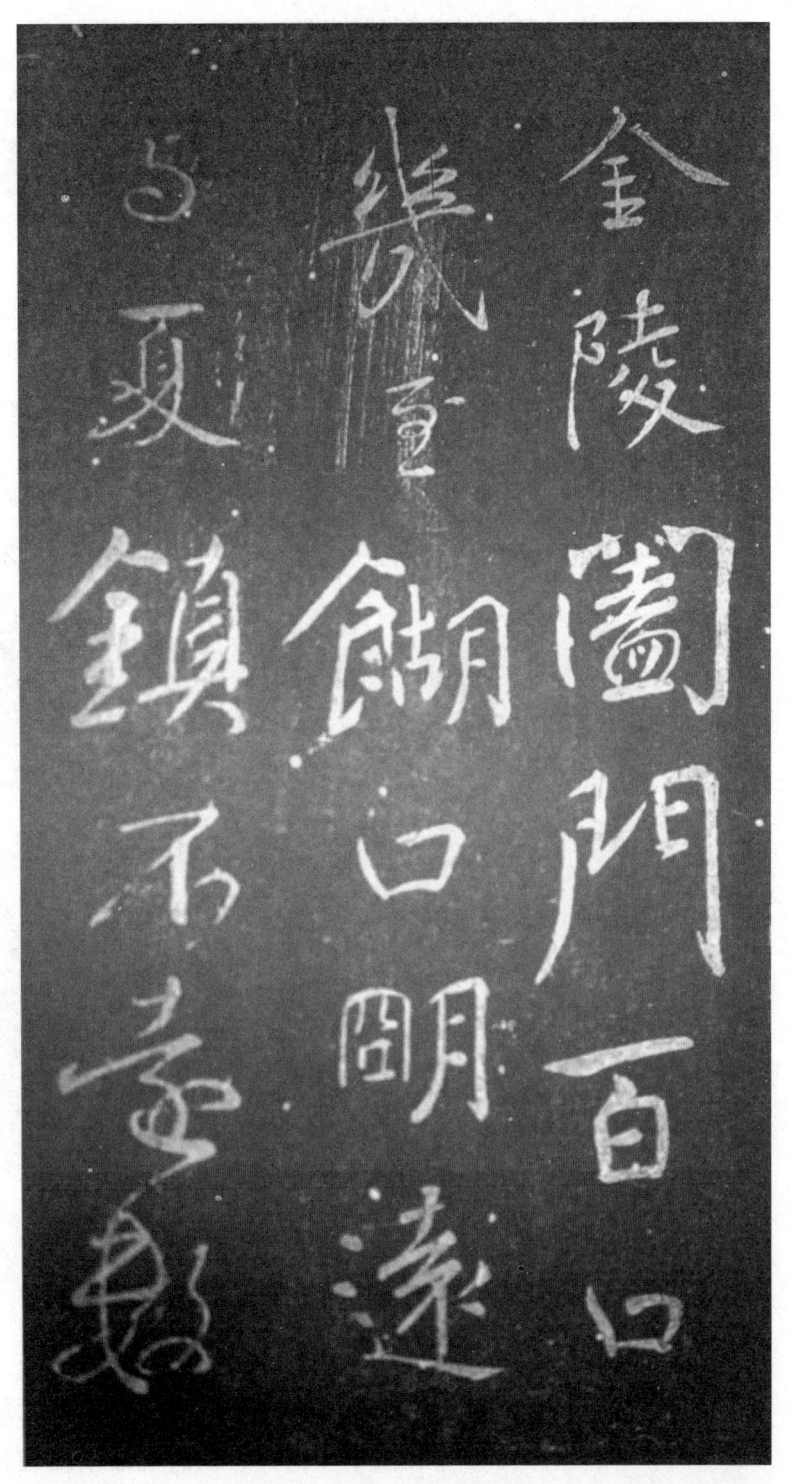

图3-71 颜真卿《与蔡明远帖》（局部）

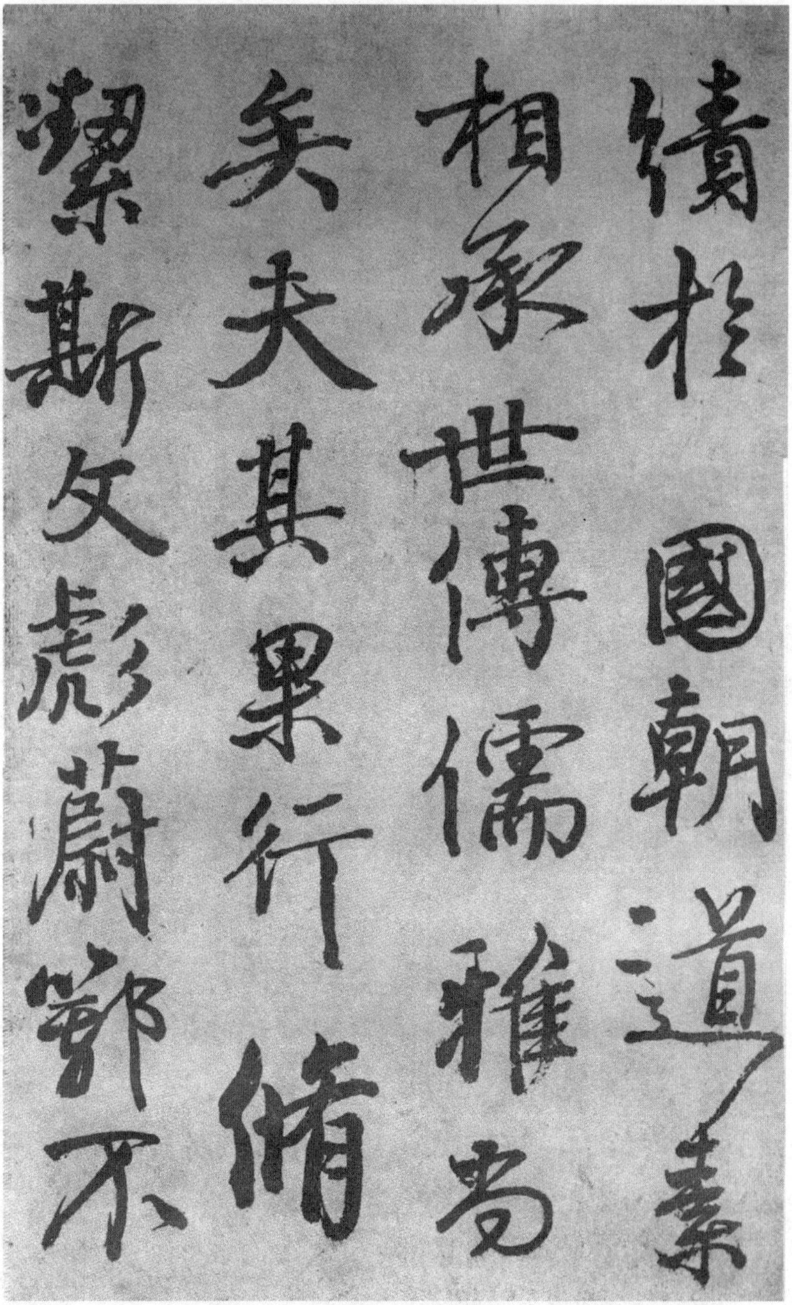

图 3-72　颜真卿《送刘太冲序》（局部）

11.《送刘太冲序》

《送刘太冲序》书于大历七年（772）。拓本。行书，序文。35.6厘米×16.5厘米。凡22行，计159字。浙江省博物馆藏南宋留元刚《忠义堂帖》本。

此帖圆劲沉着，又灵妙飞动，骨力中含秀逸之气，风格较《争座位帖》有所变化。米芾称赞曰："神采艳发，龙蛇生动，睹之惊人。"元郝经评曰："鲁公笔法皆正笔，出奇独有《刘太冲》。初从真草入行草，削去畦町尤清雄。悬针数笔皆侧锋，往往矫矫如飞龙。轮囷权奇恣挥洒。瑰伟乃见烈士风。观此好向书家道，未有能真不能草。"清王澍评曰："颜书多遒古，钗脚、漏痕之趣，时时流露于行墨之间。此序独秀润有姿态，为颜书最宜人之作。"董其昌评曰："颜鲁公《送刘太冲序》，郁屈瑰奇，于二王法外，别有异趣。"此帖在颜真卿行草中别具一格，可见其晚年书艺追求变化多样，可与同时期楷书《宋璟碑》相参。

12.《与夫人帖》

《与夫人帖》书于大历七年（772）十一月。拓本。行书，信札。35.6厘米×16.5厘米。凡19行，计180字。浙江省博物馆藏南宋留元刚《忠义堂帖》本。

此帖著录首见宋米芾《宝章待访录》，系颜真卿为迁伯父颜元孙夫妇墓，与夫人韦氏书。

13.《刘中使帖》

《刘中使帖》书于大历十年（775），又称《瀛州帖》。墨迹本。行书，信札。28.5厘米×43.1厘米。凡8行，计41字。台北故宫博物院藏。

此帖系闻官军对河北藩镇获胜所书，故欣喜之情溢于笔端。线条遒劲连绵，如激流奔涌不息，既感情奔放，又气势雄浑。特别是帖中第四行首"耳"字放大，末笔拖长竟占满一行，奇伟莫测，尤可见快意难遏。后人对此帖赞美不绝，有评为颜真卿行书第一者。明文徵明在帖后跋语中说："所阅颜书屡矣，卒未有胜之者……展阅数四，神气爽然，米氏所谓忠义映发、顿挫郁屈者，此帖诚有之，

图3-73　颜真卿《刘中使帖》

图3-74 颜真卿《广平帖》(局部)

乃知前辈之不妄也。"陈继儒说:"拳大行草,书青纸上,忠义之气,森然横入,始知世间自有此真物,非可伪袭者,法书中神品第一。"当代书家启功先生为此帖作论书绝句一首:"真迹颜公此最奇,海隅同慰见心期。请看造极登峰处,纸上神行手不知。"自注云:"颜真卿传世墨迹中,《祭侄稿》与此帖可列上品。《瀛州》一帖,尤欣快时所书。昔人以宋拓《圣教序》谥为墨皇,正当移标此迹也。"

14.《广平帖》

《广平帖》书于大历十三年(778)。刻帖。行书,信札。35.6厘米×16.5厘米。凡5行,计19字。浙江省博物馆藏南宋留元刚《忠义堂帖》本。

此帖历代金石题跋作注者寥寥,仅在《容斋四笔》中有过记载,刻本仅见于《忠义堂帖》。

15.《奉命帖》

《奉命帖》书于建中四年(783)。刻帖。行书,信札。35.6厘米×16.5厘米。凡11行,计69字。浙江省博物馆藏南宋留元刚《忠义堂帖》本。

是帖无书写年月。据帖所说"真卿奉命来此,事期未竟,止缘忠勤,无有旋意。然中心悢悢,始终不改,游于波涛,宜得斯报。千百年间,察真卿心者,见此一事,知我是行，亦足达于时命耳。人心无路见，时事只天知"，明赵崡《石墨镌华》认为："观其词意，乃使李希烈时也。"建中四年（783）正月，颜真卿以"太子太师淮西宣慰使"的身份，前往许州宣慰李希烈，所以又名《奉使蔡州书》。此帖应书于此年，时年七十五岁。颜真卿知天命无违，则其奉使许州，计不旋踵，已无归意，烈烈忠节，临难慷慨，不能不中心恨恨，悲恨交加。正如司马光《新唐书传赞》所说："呜呼！虽千五百岁，其英烈言言，如严霜烈日，可畏而仰哉！"

16.《裴将军诗帖》

《裴将军诗帖》又称《送裴将军北伐诗卷》。书写时间不详，传世有墨迹本与刻本，或疑非颜真卿所书。论者又有倾向于墨迹本伪而《忠义堂帖》刻本不伪之说，可信从。对于《忠义堂帖》本，沙孟海先生在其《临裴将军诗自记》中称："鲁

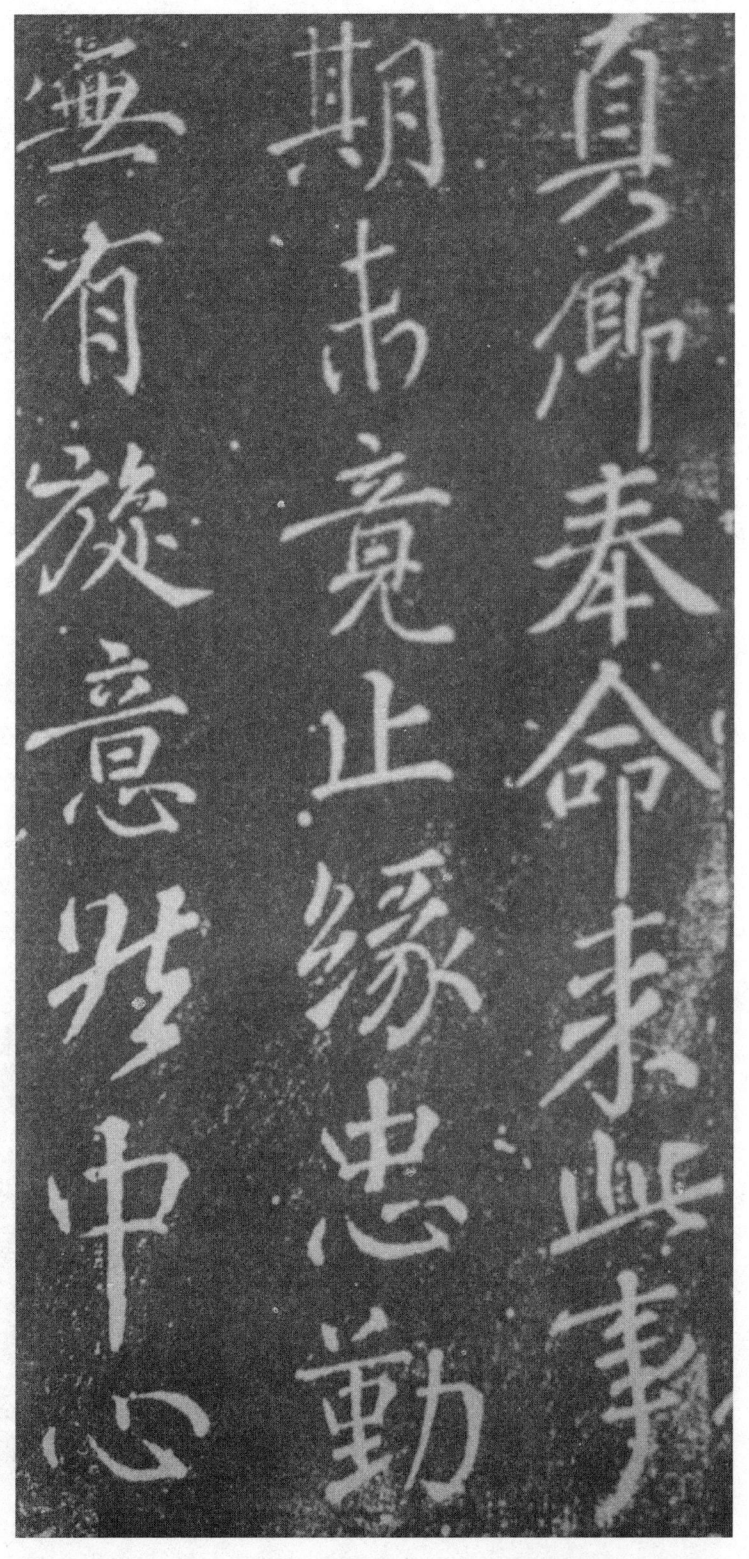

图 3-75 颜真卿《奉命帖》（局部）

公《裴将军诗》境界最高，或疑非颜笔。余谓此帖风神胎息于《曹植庙碑》，大气磅礴，正非鲁公莫办。"裴将军不知何人，古人大多认为即盛唐时善舞剑之裴旻。此帖楷、行、草三体并存，夹杂出现，变化多端，能和谐地结合，是形式特殊、开拓新境的书法作品。字体雄健，气势磅礴，楷书多沉稳庄重，行草书则激越飞动。其用笔之轻重，字形之大小，线条之粗细，节奏之疾徐，空间之疏密，皆变化不定又协调自然。对此帖，古人多赞美之语。王世贞评曰："书兼正行体，有若篆籀者。其笔势雄强劲逸，有一擘万钧之力，拙古处几若不可识，然所谓印印泥、锥画沙、拆钗股、屋漏痕者，盖兼得之矣。"清王澍《虚舟题跋》称此帖："书兼楷行草，若篆若籀，雄绝一世，余题为鲁公第一奇迹，不虚也。"又说："此书诡异飞动，出《论坐》外。盖自右军来，未开此境，其心目中不复欲存右军一笔，所谓善学柳下惠，莫如鲁男子者也。"清刘墉跋："纵横豪宕，独辟异境。所书如篆如隶，如真如草；如神龙之变化，如云鹤之冲天。万象集之手下，百体见之毫端，神乎？技乎？我无得而称之，名之曰鲁公怪体。此碑之骨力神韵，非他帖可及。"

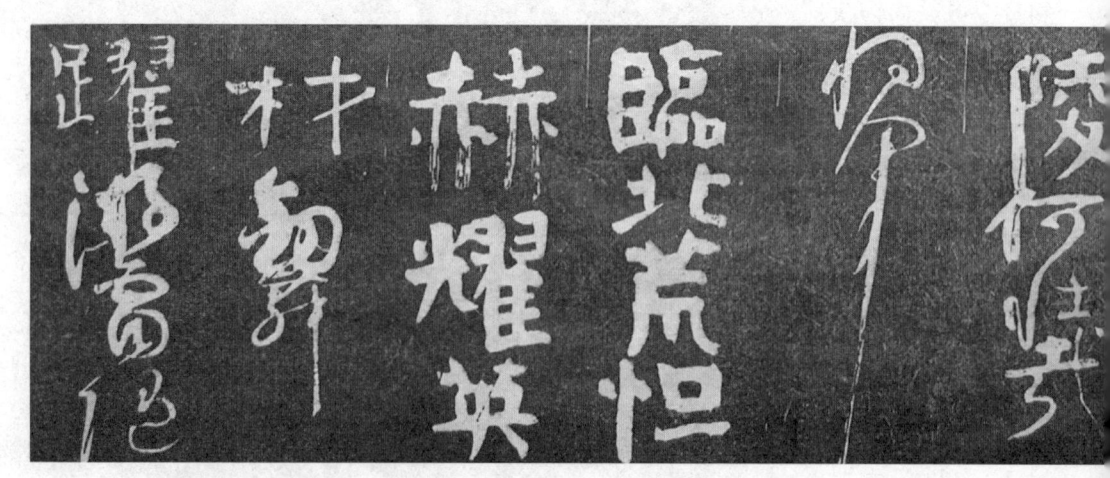

图 3-76 颜真卿《裴将军诗帖》（局部）

### 17.《修书帖》

《修书帖》又称《贼军帖》,无书写年月,南宋留元刚《颜鲁公年谱》以为此帖作于天宝十五载(756)。行书,信札一则。35.6厘米×16.5厘米。凡4行,计26字。浙江省博物馆藏南宋留元刚《忠义堂帖》本。

### 18.《江淮帖》

《江淮帖》未署书写年月。刻帖,行书,信札。21×18.2厘米。凡5行,计33字。原刻久佚,见宋拓《汝帖》。

此帖首见北宋大观三年(1109)《汝帖》,南宋嘉定八年(1215)留元刚收入《忠义堂帖》,名《一行帖》。至清康熙六年(1667)《式古堂法书》卷五又收入,其他丛帖未收。此信札未书受信者名姓,待考。

### 19.《华严帖》

《华严帖》又称《与澄师帖》,未署书写年月。刻帖,行书,信札。35.6厘米×16.5厘米。凡7行,计47字。浙江省博物馆藏南宋留元刚《忠义堂帖》本。

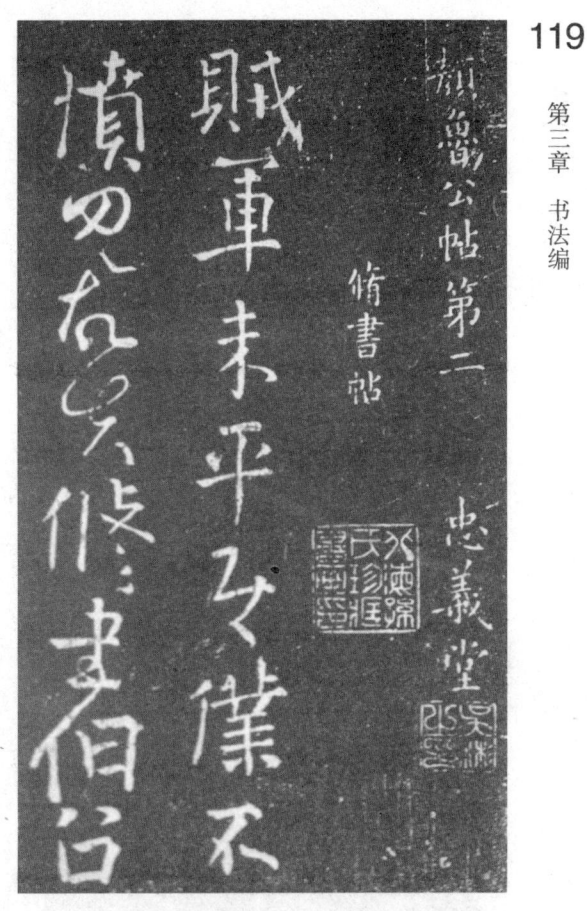

图 3-77　颜真卿《修书帖》(局部)

图 3-78　颜真卿《裴将军诗帖》(局部)

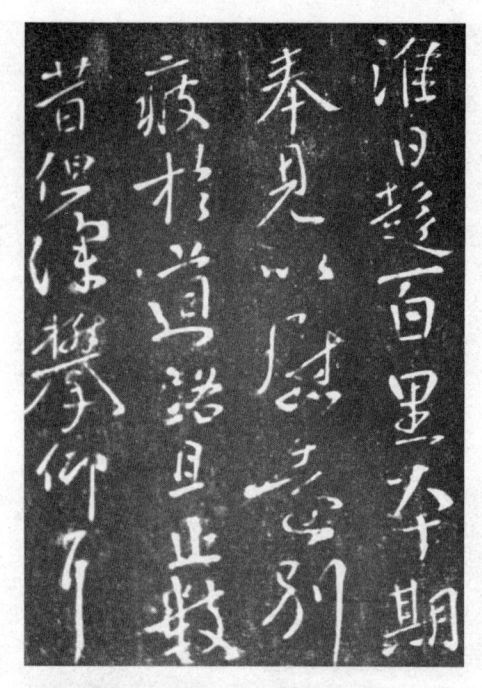

图3-79　颜真卿《江淮帖》（局部）

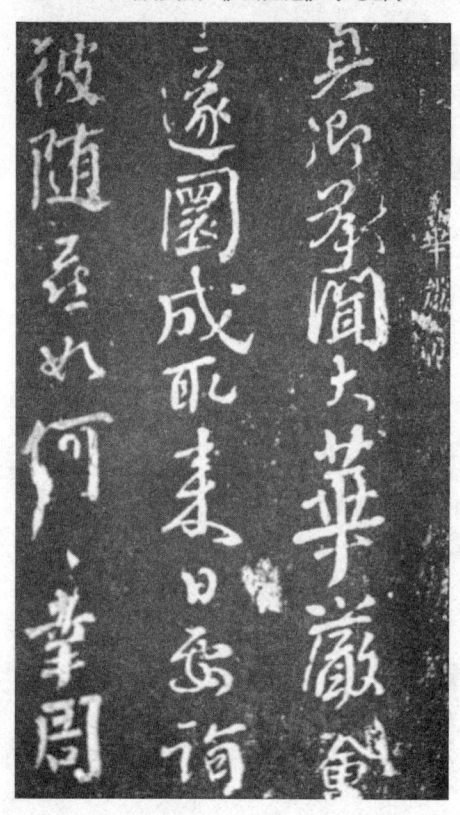

图3-80　颜真卿《华严帖》（局部）

此帖书写时间无考。细检颜真卿生平，信佛崇道，往返交游，大多集中在永泰二年（766）至大历十二年（777）的贬谪期间。

据王澍《虚舟题跋》记载，颜真卿《华严帖》"如万钧之弩，一发没羽，余稍参以《刘太冲》《蔡明远》等叙，令就疏宕，力不足，故不免态胜也"。此帖摹刻失真，已非王澍所言。

20.《文殊帖》

《文殊帖》未署书写年月。刻帖。行书，信札。35.6厘米×16.5厘米。凡8行，计37字。浙江省博物馆藏南宋留元刚《忠义堂帖》本。

此帖著录首见于《宣和书谱》，刻本最早见《忠义堂帖》。无书写年月，无受书人姓名。《全唐诗》存释皎然诗《奉同颜使君真卿开元寺经藏院会观树文殊碑》。皎然，字清昼，俗姓谢，湖州人，传为谢灵运十世孙，居湖州杼山妙喜寺。颜真卿在湖州任上与其交游甚密。此帖似应书于文殊碑立时。

21.《湖州帖》

《湖州帖》帖又称《江外帖》，著录首见《宣和书谱》，无书写年月，传颜真卿书。纸本。行书，信札。27.6厘米×50.2厘米。凡8行，计48字。北京故宫博物院藏墨迹本。

此帖曾经北宋宣和内府、贾似道，明项元汴、张则之，清梁清标、安歧、清内府等收藏。帖内钤有"政和""绍兴""秋壑图书""欧阳玄""项元汴印""梁清标印""安仪周书画之章"等鉴赏印。南宋留元刚《忠义堂帖》有刻本，明《快雪堂帖》曾刻入。

帖云："江外唯湖州最卑下，今年诸州水，并凑此州入太湖，田苗非常没溺，赖刘尚书

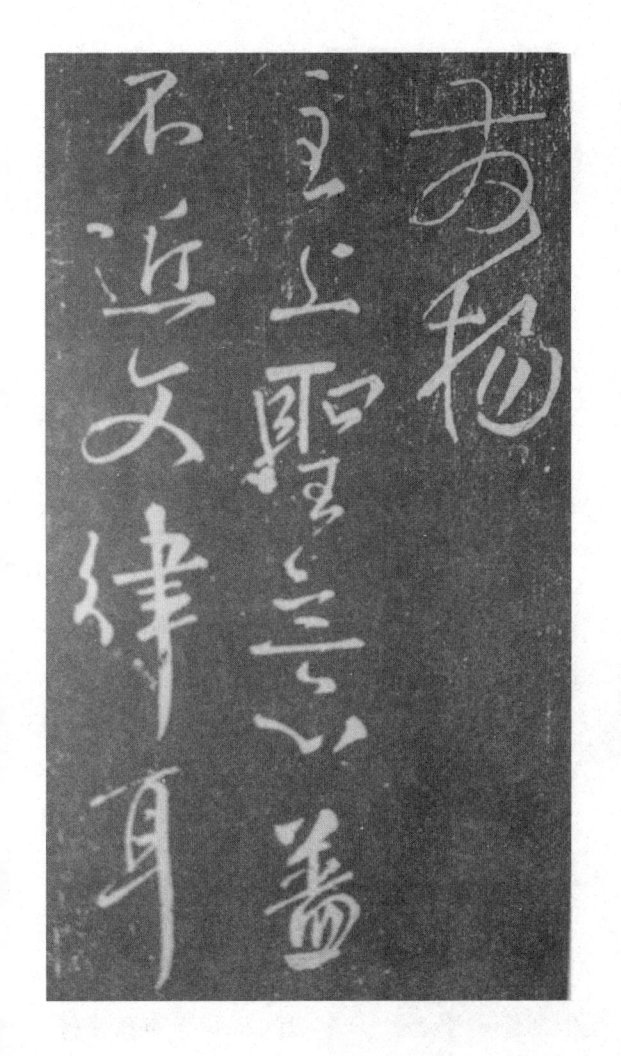

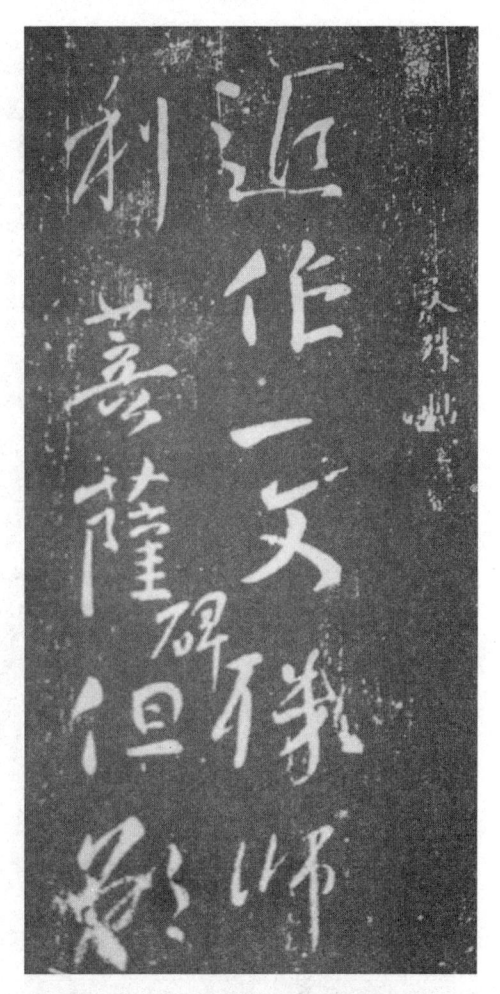

图 3-81 颜真卿《文殊帖》（局部）

□□，以此人心差安。不然，仅不可安耳。"颜真卿于大历七年（772）十一月委以湖州刺史，次年一月到任，直到大历十二年（777）八月卸任，召为刑部尚书，在湖州计六年。《旧唐书》卷三十七《五行志》载，大历十年（775）"七月己未（廿八日）夜，杭州大风，海水翻潮，漂落州部五千余家，船千余只，全家陷溺者百余户，死者四百余人，苏、湖、越等州亦然"。关于杭、湖、苏、越因海啸而引起的水患，新旧《唐书·代宗纪》及《古今图书集成·水灾部》都有详略不等的记载。刘尚书即刘晏，刘晏在大历八年（773）到十二年（778）任尚书之职。"刘尚书"下不清二字，应是"安抚"。故此可知此帖书写于大历十年（775）七月以后至年底前。

此帖坚劲灵动，线条连绵，用篆籀笔意，符合颜真卿行草风格。

22.《叙本帖》

《叙本帖》未署书写年月。刻帖。行书，信札。35.6厘米×16.5厘米。凡3行，计13字。浙江省博物馆藏南宋留元刚《忠义堂帖》本。

帖云："卢八仓曹足下，叙本甚是佳制耳。"意为卢仓曹曾进叙本一章于颜真卿阅，得到颜的赞誉，故此帖又称《与卢仓曹帖》。但卢仓曹是何许人、书于何时，无考。此帖早见宋《绛帖》《忠义堂帖》等。

23.《寒食帖》

《寒食帖》未署书写年月。刻帖。行书，信札。35.6厘米×16.5厘米。凡3行，计22字。浙江省博物馆藏南宋留元刚《忠义堂帖》本。

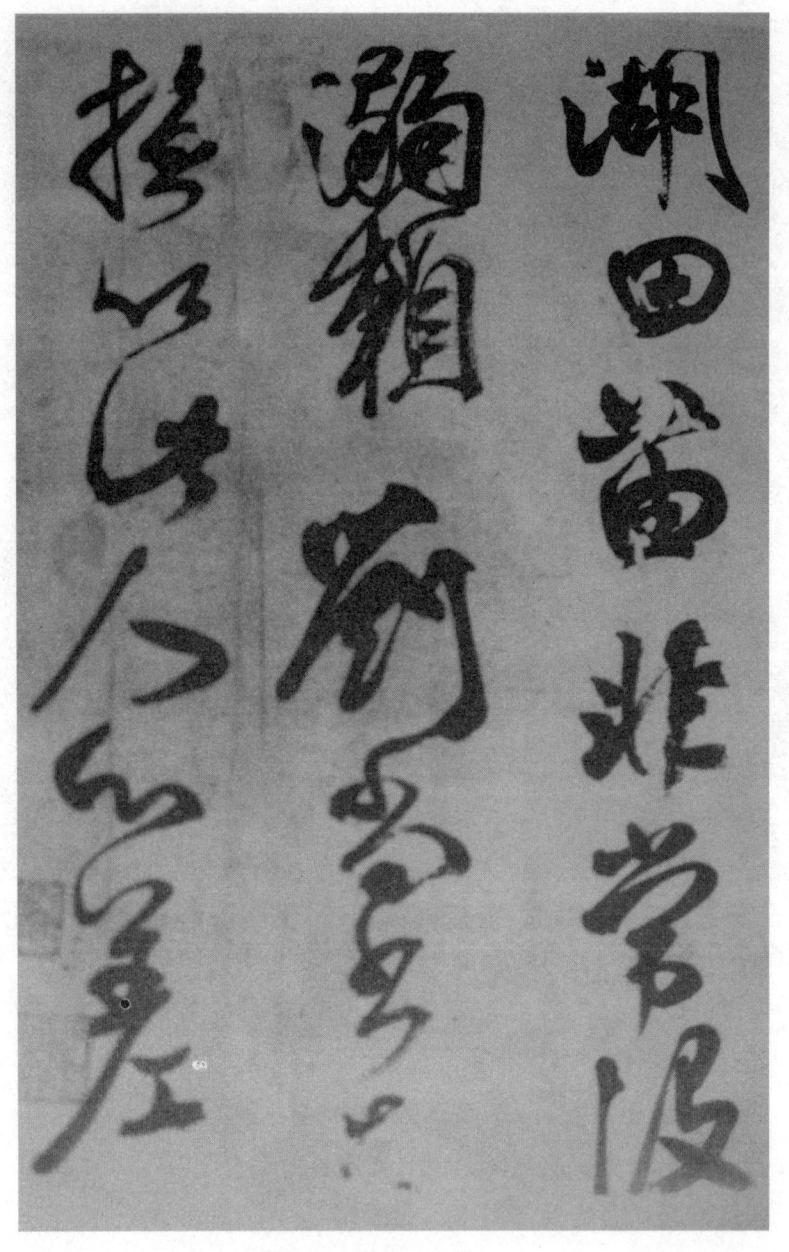

图3-82 颜真卿《湖州帖》（局部）

帖为颜真卿与友人书。著录首见于宋米芾《宝章待访录》："右绫纸，书在中书舍人钱勰处，世多石本。"由此可知，北宋时，真迹为钱勰所藏，已有石本传世。宋赵明诚《金石录》也有记载。唯不知书于何时书与何人。

24.《中夏帖》

《中夏帖》未署书写年月。刻帖。行书，信札。35.6厘米×16.5厘米。凡5行，计46字。浙江省博物馆藏南宋留元刚《忠义堂帖》本。

此帖著录首见于《宣和书谱》，刻本入《忠义堂帖》。书于何时、书与何人均未提及，历代金石题跋也未见考释。

25.《御史帖》

《御史帖》未署书写年月。刻帖。行书，信札。35.6厘米×16.5厘米。凡7行，计63字。浙江省博物馆藏南宋留元刚《忠义堂帖》本。

此帖仅见留元刚《忠义堂帖》，且字迹漫漶，论指何事、书于何

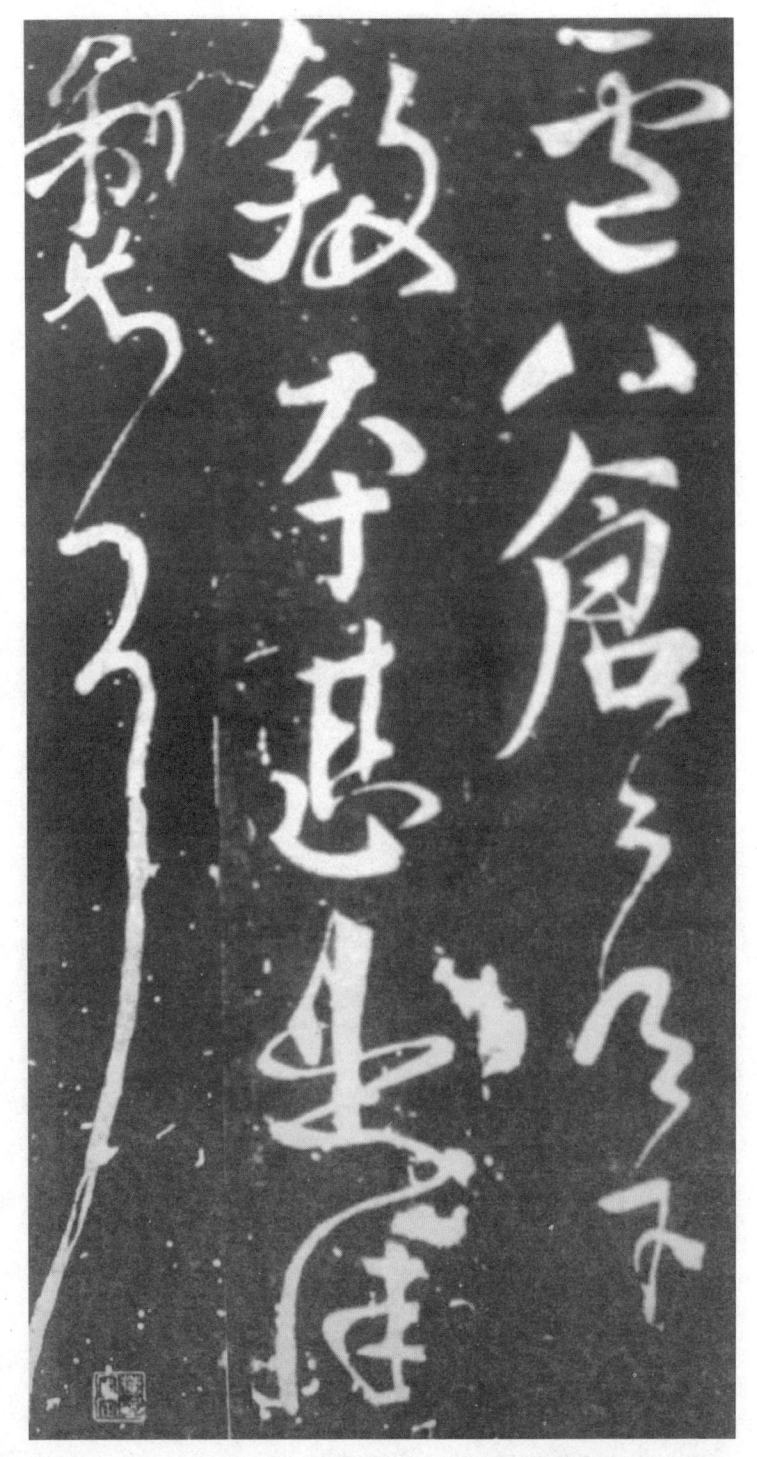

图3-83　颜真卿《叙本帖》（局部）

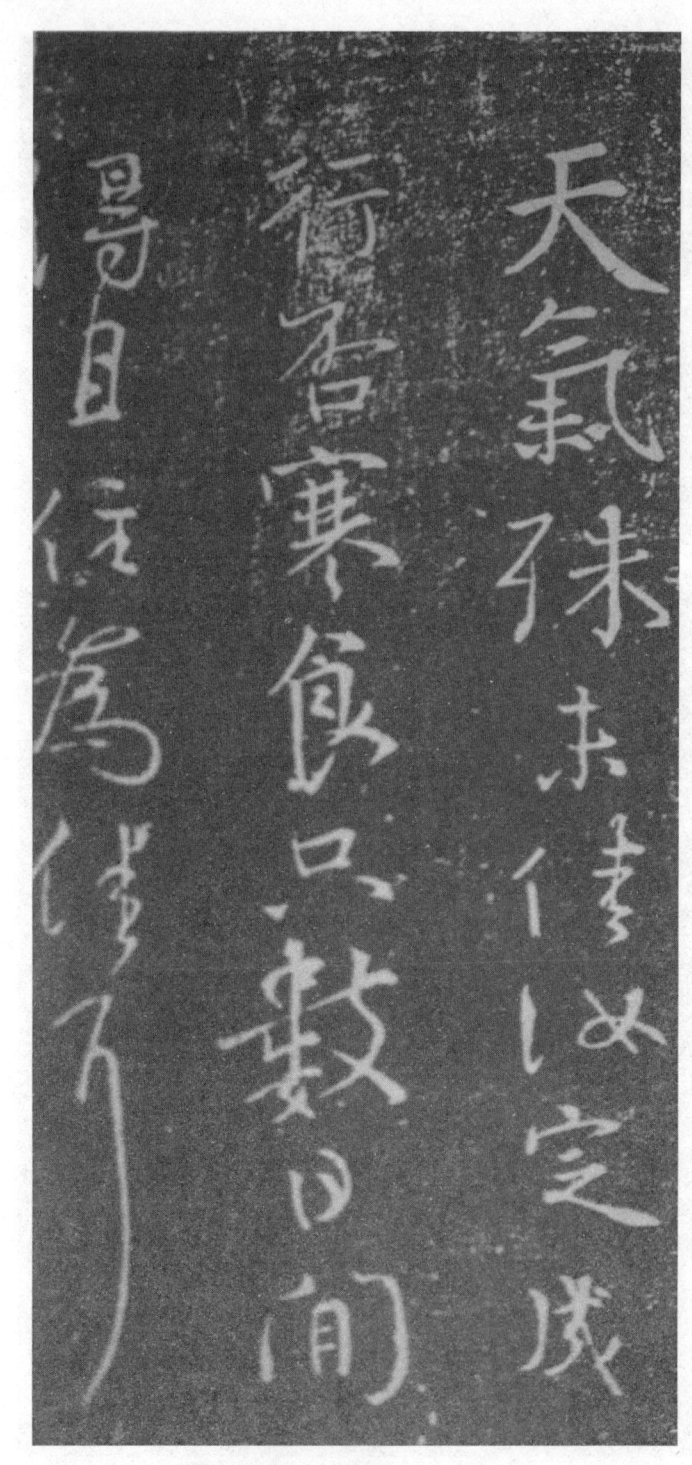

图3-84 颜真卿《寒食帖》(局部)

时、书与何人，无从查考。

### 26.《讯后帖》

《讯后帖》未署书写年月。刻帖。行书，信札。35.6厘米×16.5厘米。凡11行，计62字。浙江省博物馆藏南宋留元刚《忠义堂帖》本。

此帖仅见于留元刚《忠义堂帖》，书于何时、书与何人，无从查证。

### 27.《乍奉辞帖》

《乍奉辞帖》未署年月，只具"廿四日"。拓本。行书，信札。35.6厘米×16.5厘米。凡6行，计32字。浙江省博物馆藏南宋留元刚《忠义堂帖》本，又收入宋《绛帖》。

此帖行文情深意切，读之颇为怅然。故王澍《竹云题跋》说："此鲁公作人坚刚如铁，乃于朋友之间万分委至，故知千古真君子未有不近人情者也。"又说："此帖拟即《与蔡明远》后。"

### 28.《邹游帖》

《邹游帖》为拓本。行书，信札。35.6厘米×15.5厘米。凡8行，计45字。约书于乾元二年（759）。浙江省博物馆藏南宋留元刚《忠义堂帖》本，又收入宋《绛帖》。

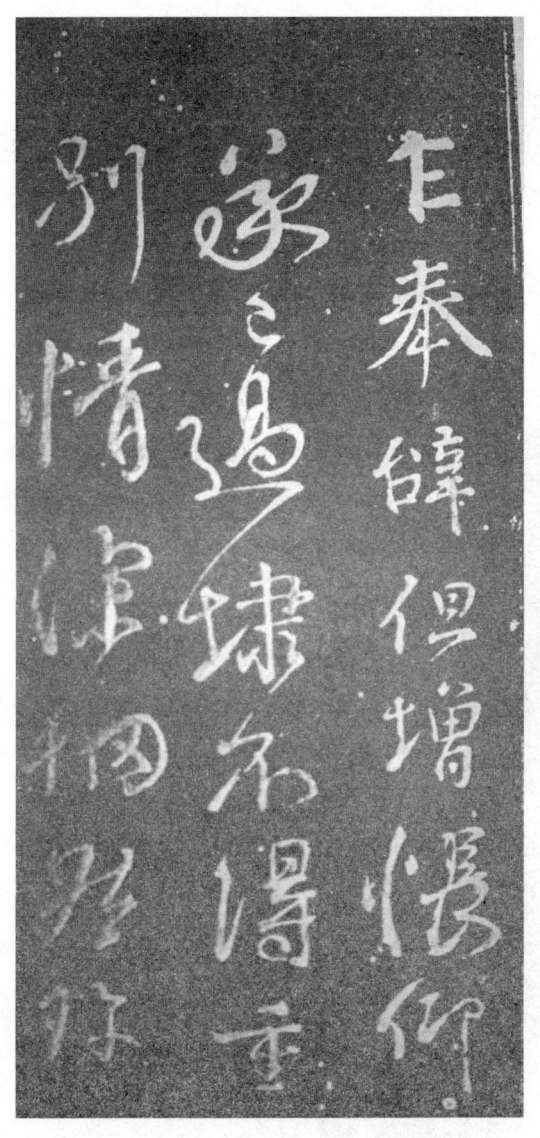

图 3-85　颜真卿《乍奉辞帖》（局部）

图 3-86　颜真卿《邹游帖》（局部）

## 五、书法影响

在中国书法史上，艺术生命力最强、影响最深广，使后世书家受其教益最大者，莫过于王羲之与颜真卿。颜真卿一生忠烈，在形成他刚介守正、威武不屈的人品的同时，也完成了他那刚健雄浑、超逸绝尘的艺术品格，实现了书品与人品的高度统一，受到历代书家与书法评论家的推崇，对中国书法艺术的发展产生了巨大的影响。

## 1. 颜真卿对唐、宋、元时期的书法影响

受颜真卿书法影响最大的是唐末五代以至两宋时期，这一时期的书法家们广泛临摹颜氏书体，开创了中国书法新的艺术风格。这些人中成就最大者有柳公权、蔡襄、苏轼、黄庭坚等人。由于颜体楷书端庄深厚，便于题署书丹，书写大字，又适合官场文书的应用，所以一出现就有许多书家竞相学习。士大夫师法颜楷者，始于李德裕。李德裕（787—850），唐赞皇（今河北赞皇）人，字文饶。唐武宗朝宰相，宣宗时贬为崖州司户而卒。陈思《墨池篇》评其书法："宜述颜公，毅然有法。"晚唐柳公权是唐代得颜氏嫡传最有成就的书家。柳公权（778—865），唐京兆华原（今陕西铜川市耀州区）人，字诚悬。穆宗时因其善书，召入朝充翰林侍书学士。历任穆宗、敬宗、文宗三朝，皆以侍书深受皇帝尊重，官至翰林学士承旨、太子少师等。相传穆宗曾向他请教笔法，他回答道："用笔在心，心正则笔直。"他乘回答笔

图3-87 柳公权《玄秘塔碑》（局部）

法的机会劝谏皇帝，成为千古美谈。他的笔法远承王羲之、欧阳询，近师颜真卿。既吸收了颜真卿用笔的转折顿挫、刚健爽利，又吸取了欧阳询结体的紧密瘦硬，骨力挺劲，形成了别具一格的自然风貌，人称"柳体"。世人把他与颜真卿并称为"颜筋柳骨"，对后世的影响也很大。最早指出柳公权师承颜真卿的人是苏轼，他在《书唐氏六家后书》的题记中说："柳少师书本出于颜，而能自出新意，一字百金，非虚语也。"宋朱长文《续书断》也说柳书"盖其法出于颜，而加以遒劲丰润，自名一家，而不及颜之体局宽裕也"。宋范仲淹称石延年书法，有"曼卿（石延年字）之笔，颜筋柳骨"之句。周必大亦云："颜筋柳骨，故有成说。""颜筋柳骨"遂成历史定论。自此后人多以颜、柳并称，且以此视颜、柳为一路。米芾《海岳名言》称："颜真卿书如项羽按剑，樊哙排突，硬弩欲张，铁柱将立，昂然有不可犯之色。柳公权书如深山得道之士，修炼已成，神气清健，无一点尘俗。"

　　五代时，战事频仍，书坛凋零，学颜而有成就者，仅一二人，其中杨凝式可作为代表。杨凝式（873—954），五代华州华阴（今陕西华阴人），一说同州冯翊（今陕西大荔人），字景度。历仕后梁、后唐、后晋、后汉、后周五代。因在后汉时任过太子少师，人称"杨少师"。在五代干戈频繁混乱的政局下，他采取"弗与世往，悠游卒岁"的处世态度，平时不拘小节，佯狂而不任世，时人每以"杨疯子"呼之。他楷、行、草兼善，但传世以行草见称。他的书法渊源于二王、欧阳询与颜真卿、柳公权，而对颜真卿的行草书的传承居多。《唐诗外传》云："凝式笔迹遒放，师欧阳询、颜真卿，加以纵逸。"宋王钦若曰："公字与颜公一等，具成绝异。"米芾《书史》云："凝式书颇类颜行。"又云："杨公凝式笔迹雄杰，有二王、颜、柳之余，此真可谓书之豪杰，不为实事所汩没者。"黄庭坚评云："由晋以来，难得脱然都无风尘气类似二王者，

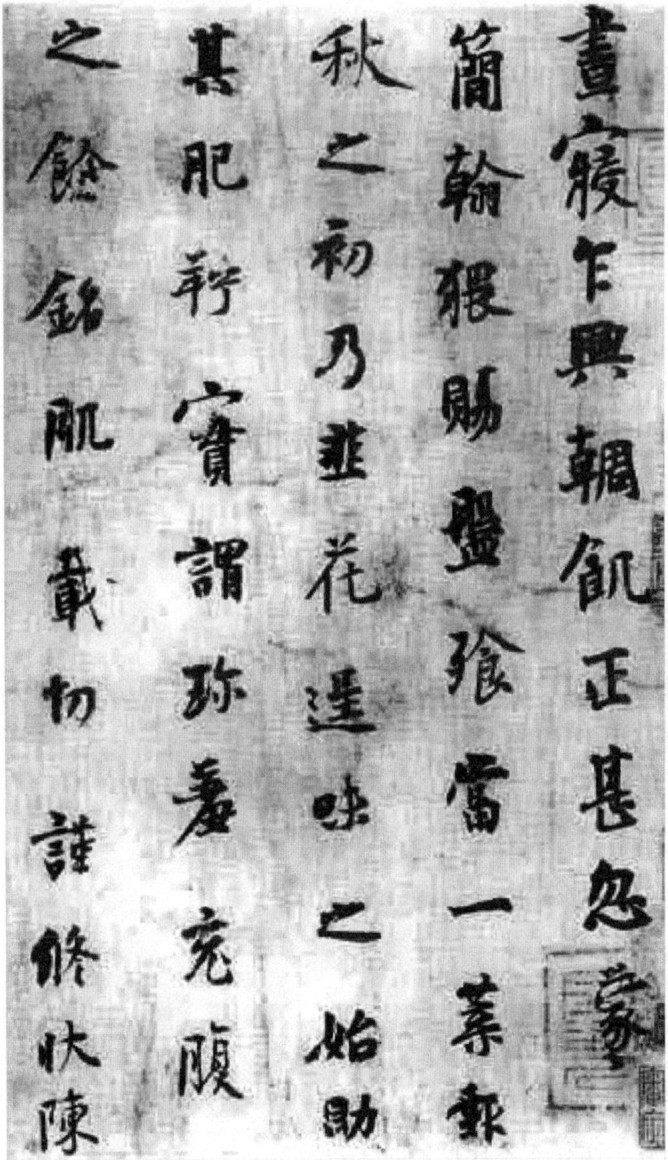

惟颜鲁公、杨少师仿佛大令耳。"清刘熙载《书概》评云:"景度书机括本出于颜,而加以不衫不履,遂成自家。"

韩琦(1008—1075),字稚圭,宋河南安阳人。仁宗时,西夏反,韩琦任陕西经略招讨使,与范仲淹同心抗夏,人称"韩范",为朝廷所倚重,后连任三朝宰相。欧阳修称他是社稷之臣。封魏国公,卒谥号"忠献"。可能是他的气质、经历和身份与颜真卿有类同之处,所以在书法上独喜颜书。米芾《书史》说:"韩忠献公琦好颜书,世俗皆学颜书。"宋朱长文《墨池篇》云:"韩魏公书,骨力壮伟。"明陶宗仪《书史会要》则言:"魏公工正书,师颜鲁公,颇露圭角。"

蔡襄(1012—1067),字君谟,宋兴化仙游人,官至端明殿学士。蔡襄学颜,为宋人之最,结法用笔全得自颜真卿,有"宋之鲁公"之称。但他唯取形似,已无真卿风骨,几有"奴仆之消"。他的书法积学深厚,楷、行、草皆入妙品,有《万安桥记》大楷拓本传世。楷书主要师承颜真卿,兼及虞世南;行草则脱胎于颜书,并习二王与张芝、张旭。他的书法得

图3-88 杨凝式《韭花帖》(局部)

到仁宗皇帝的爱重,朝野中学他书法的人很多,为北宋书法"四大家"之一。《宋书》在其本传中评道:"襄工于书,为当时第一。"他的好友欧阳修也说:"君谟书独步当世,笔有师法。行草第一,小楷第二,草书第三,就其所长求其所短,大字少疏也。"苏轼亦曰:"君谟书天资既高,积学深至,心手两应,变态无穷,遂为本朝第一。"而黄庭坚、米芾的评述则与欧、苏不同。黄云:"君谟书如蔡琰《胡笳十八拍》,虽清壮顿挫,时有闺房态度。"米曰:"蔡襄如少年女子,体态娇娆,行步缓慢,多饰繁华。"对于蔡襄只学颜真卿云:"君谟真书,卓冠一代,大者端庄浓艳,在鲁公伯仲间。"王世贞云:"君谟书《万安桥记》,雄伟遒丽,当与桥争胜,结体全自颜平原来,为策法用虞永兴耳。"清末李瑞清评曰:"君谟无一笔不从鲁公出,无一笔似鲁公。"

苏轼(1037—1101),字子瞻,号东坡居士,宋眉州眉山人,逝世后谥"文忠"。他天

图3-89 蔡襄《万安桥记》(局部)

资聪颖，学识渊博而又秉性耿介直正，旷达开朗，因而也同古代许多才华横溢的文士一样，在仕途上总是坎坷不得志。他虽然累官至兵部尚书，迁端明殿学士兼侍读学士、礼部尚书，然多次被降职变为地方官，甚至遭放逐。然而仕途的不如意，反而促使他在文坛上大展才华，文章、诗词、书画无所不精，成就很高，从而成为继欧阳修之后执宋代文坛牛耳的领袖人物，书法上是宋代"尚意"书风的开创者之一。他对颜真卿的人格和书法推崇备至，极力师法鲁公甚至自比鲁公。然而他的眼界奇高，学颜却不拘法度与外形，而重在意趣和神

图3-90 苏轼《醉翁亭记》（局部）

韵，敢于标新立异。他公然声称："我书意造本无法，点画信手烦推求。"他的好友黄庭坚对他的评述甚多亦甚高："东坡中岁喜学颜鲁公、杨疯子书，其合处不减李北海。至于笔圆而韵胜，挟以文章妙天下，忠义贯日月之气，本朝善书，自当推为第一。""东坡先生常自比于颜鲁公，以余考之，决长补短，两公皆一代伟人也。至于行、草、正书，风气皆略相似。尝为余临《与蔡明远帖》《祭伯父濠

州刺史文》及《祭侄季明文》《论鱼军容座位书》《鹿脯》《天气殊未佳》帖,皆逼真也。"又云:"子瞻昨为余临写鲁公十数纸,乃如人家子孙,虽老少不类,皆有祖、父骨气……大字多得颜鲁公《东方朔画赞》笔意,虽时有遣笔不工处,但是无秋毫流俗。"有评曰:"余谓东坡书,学问文章之气郁郁芊芊,发于笔墨之间,此所以他人终莫能及耳。"苏轼的幼子苏过说:"先君子岂以书自名气,特以其至大至刚之气,发于胸中,而应之以手,故不见其有刻画妩媚之态,而端于章甫,若有不可犯之色。少年喜二王书,晚乃喜颜平原,其书似颜鲁公,而飞扬韵胜,出新意于法度之中,寄妙理于豪放之外。"清刘熙载《书概》云:"正书字间栉比,近颜书《东方画赞》者为多,然未尝不自出新意也。"

黄庭坚(1045—1105),洪州分宁人,字鲁直,号山谷道人,晚号涪翁。历仕哲宗、徽宗二朝,曾任《神宗实录》检侍官,世称"太史"。他同苏轼一样,仕途坎坷,多次降职被贬,最后还被加上"幸灾谤国"罪名,罢官除名流放宜州(今广西壮族自治区宜州市),至绍兴初才追谥"文节"。他的诗文、书法皆臻精妙,居"苏门四学士"首席。他的书法多为行草,以狂草和大字行书最精

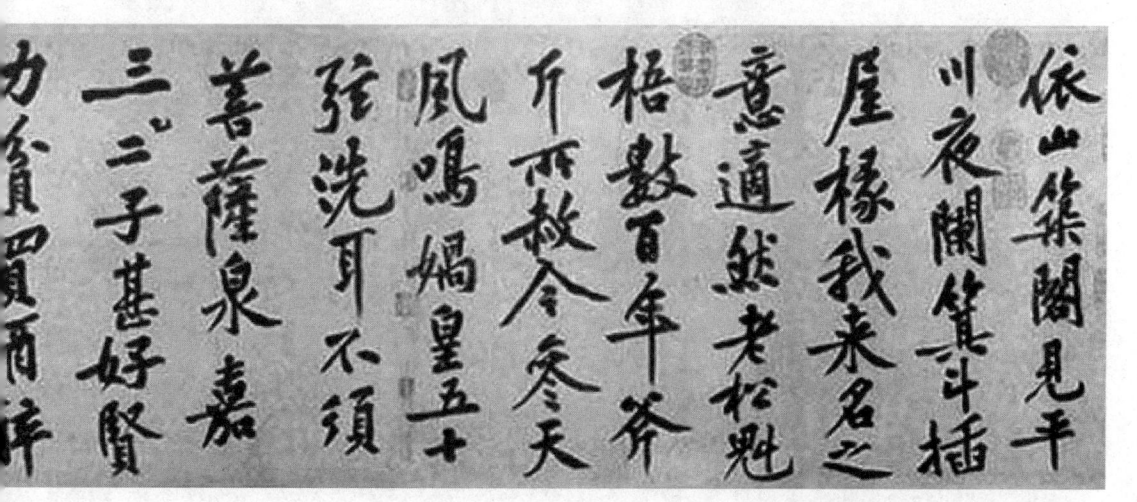

图3-91 黄庭坚《松风阁诗帖》(局部)

彩。他在文集中曾自称其书法与苏轼同学颜真卿，但他自创的新意却能挺然自立，更多地追求超然意境，在东坡之外别树一帜。他在《山谷题跋》中多次谦虚地说："余极喜颜鲁公书，实施意想为之，笔下似有风气，然不逮子瞻远甚……予与东坡俱学颜平原，然余手拙终不近也。自平原以来，惟杨少师、苏翰林可入意耳。"他还极喜《瘗鹤铭》，曾说过："类鲁公笔法，不知何人书也。《瘗鹤铭》惟颜鲁公《宋开府碑》瘦健清拔，在四五间。"他的书法结体中间紧密，四面开张，斜势的长横和大撇大捺的笔法正是来源于《瘗鹤铭》的神韵和极似《瘗鹤铭》的颜书《八关斋会报德记》的气魄。对此，明邹立诚与清康有为都有精到的评述。邹说："涪翁书《发愿文》，气魄古雅，意度精严，宛然颜鲁公《八关斋帖》。"康有为云："宋人书以山谷为最，变化无端，深得《兰亭》三昧。至其神韵

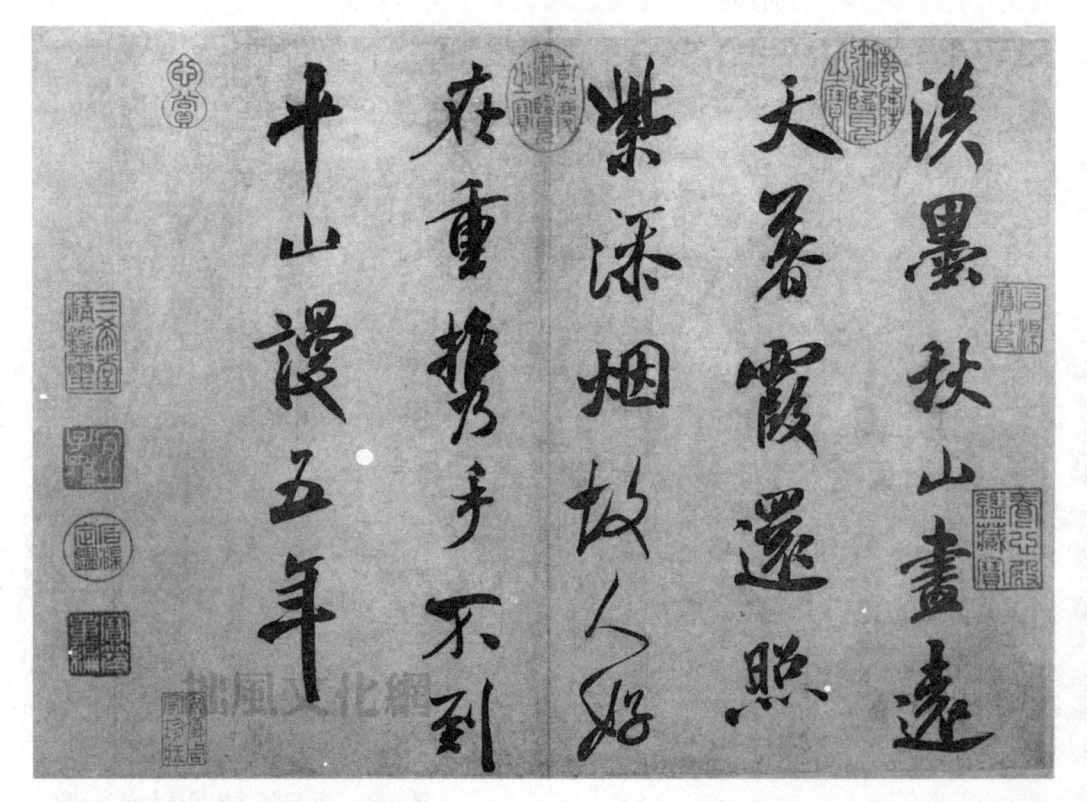

图 3-92 米芾《淡墨秋山诗帖》

绝俗，出于《瘗鹤铭》而加新理，则以篆笔为主，吾目之以'行篆'以配颜、杨焉。"

米芾（1051—1107），宋襄阳人，初名黻，字元章，号襄阳漫士、海岳外史。善书画，精鉴赏，徽宗诏他为书画二学博士，迁礼部员外郎，故人称"米南宫"。著有《书史》《画史》《宝章侍访录》《宝晋英光集》等。他对二王书法的研习下过很大功夫，对王献之的笔势吸收尤多，同时对古代众多书法家的法帖广泛临摹，皆惟妙惟肖，故人们称他的字为"集古字"。但他又能在"集古"的基础上发扬创新、自成一家，尤善行草，与苏轼、黄庭坚、蔡襄并列为"北宋四大家"。他很自负，又癫逸狂放，人称之为"米颠"。曾自我标榜："善书者只有一笔，我独有四面。"夸言自己"一洗二王之恶札，而照耀皇宋于万古"。他对古代和同时代的书法家既有赞扬，又多讥评。对颜真卿的楷书贬为"入俗"："颜、柳挑踢，为后世丑怪恶札之祖。"但他对颜真卿的行草书评价很高，尤其对《争座位帖》的笔法。宋赵希鹄《洞天清录》云："南宫本学颜，后自成一家，于策、掠、努、趯，动循古法度，无一笔妄作。"明董其昌在《画禅堂随笔》中说："颜公惟《蔡明远序》尤为沉古，米海岳一生不能仿佛，亦为学堂初诸公稍乏骨气耳。"

耶律楚材（1190—1244），元朝契丹族人，为辽东丹王突厥八世孙，字晋卿，号湛然居士。历仕金、元两朝，元太祖定都燕京后召见之，重其言而处之左右。太宗即位（1229），拜他为中书令。文宗至顺元年（1330）追封广宁君王，谥"文正"。他为元朝开国的政治家和文化人，在把中原汉族文化和北方少数民族文化融为一体方面做出了重要贡献。他的书法师承颜真卿和黄庭坚，这在他传世的大字行楷书《送刘满诗卷》（现存美国普林斯顿大学美术馆）中流露得十分明显，既有颜书的稳健雄强，又有黄书的开张豪放，似见元初"一代天骄"的豪迈之气。明宋濂《宋学士集》称:"耶律文正晚年所作尤劲健,如铸铁所成,刚毅之气,至老不衰。"

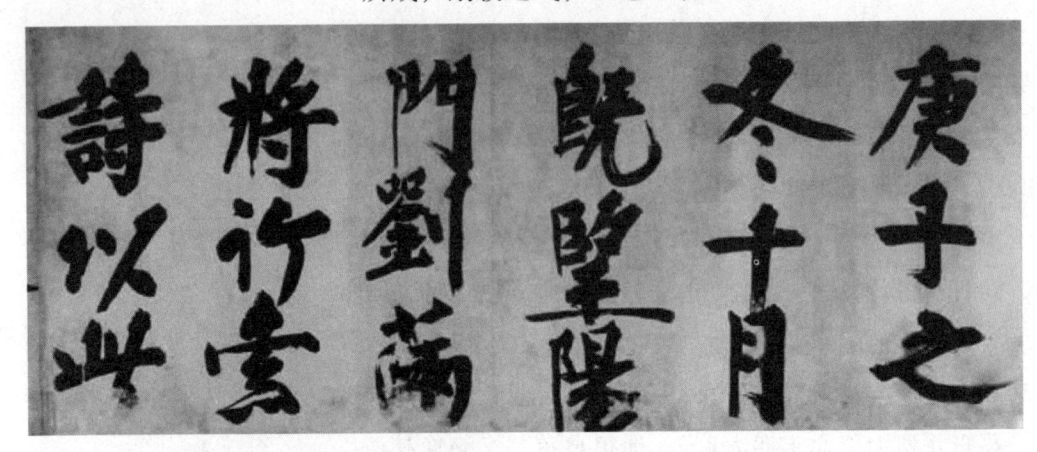

图 3-93 耶律楚材《送刘满诗卷》(局部)

2. 颜真卿对明、清时期书法的影响

颜真卿的书法艺术对明清书法家的影响主要体现在以下几位书法家的身上。

李东阳(1447—1516),明湖南茶陵人,字宾之,号西涯。历仕英、宪、孝、武四朝,官至礼部尚书、文渊阁大学士、太子太傅,卒赠太师,谥"文正"。在朝五十年,清节不渝。书法以篆书著称,兼善正、行、草,师法颜真卿,笔力矫健挺拔而气势和睦安详。明安世凤《墨林快事》曰:"长沙公大草中古绝技也,玲珑飞动,不可按抑,而纯雅之色,如精金美玉,毫无怒张蹈厉之态,盖天资清澈,全不带滓渣以出。"詹景凤《詹氏小辨》云:"东阳草书笔力矫健自成一家,小篆清劲美妙。"潘伯鹰先生《中国书法简论》评李东阳:"篆书是很好的,行草带颜鲁公意趣,也不失规矩。"

董其昌(1555—1636),明松江府人,字玄宰,号思白,又号香光居士。官至礼部尚书、太子太傅,卒谥"文敏"。他诗、文、书、画皆妙,又精于书画理论和鉴赏,为明末最具代表性和最有影响的书法家之一。在他身后,由于清圣祖玄烨深爱和大力提倡他的书法,故其书风从明末一直影响到清初。董其昌的书法从二王、颜真卿、米芾中得笔法为多，而自成淡雅秀逸、虚和空灵的风韵。他自言十七岁即学颜书《多宝塔》，后又致力于临习颜书《争座位帖》《送刘太冲序》《乞米帖》《鹿脯帖》《裴将军诗》等行草书，一直到七十八岁还在临写《争座位帖》。清何焯《义门题跋》曰："思翁行押尤得力《争座位》故用笔圆劲，视元人几欲超乘而上。"包世臣《艺舟双楫》云："华亭（董其昌曾自称原籍为华亭）受于季海，参证于北海、襄阳，晚皈平原而亲近于柳、杨两少师，故其书能于姿致中出古淡，为书家中朴学。然能朴而不能茂，以中岁深襄阳跳荡之习，故行笔不免空怯，出笔时形偏竭也。"

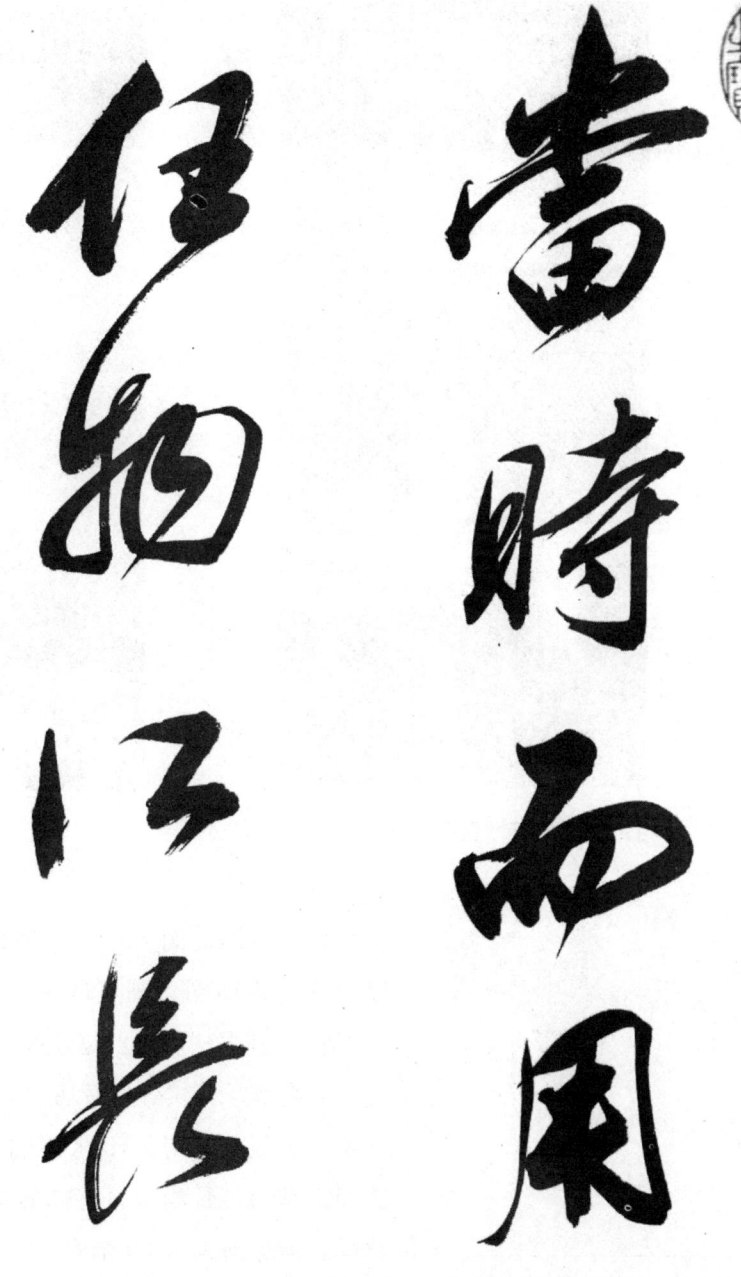

图3-94 董其昌《白羽扇赋》（局部）

刘墉（1719—1804），清山东诸城人，字崇如，号石庵。乾隆、嘉庆年间累官吏、工、礼、兵四部尚书，授上

图 3-95 刘墉"至乐，大羹"对联（局部）

书房总师傅体仁阁大学士、加太子少保、提领文渊阁事。以为官清正廉明、刚直敢谏、秉公执法著称于时，卒谥"文清"。其书法从学习赵孟頫、董其昌入手，又广临王羲之、颜真卿、苏轼等魏晋唐宋名家法帖，取精用宏，自成一家。于颜书尤得力于《蔡明远帖》。因其书墨浓笔厚，圆润饱满而劲骨内敛，有如绵里裹铁，故有"浓墨宰相"之称。清徐珂云："文清书法，论者譬之以黄钟大吕之音，清庙明堂之器，推为一代书家之冠。盖以其融会历代诸大家书法而自成一家，所谓金声玉振，集群圣之大成也。"康有为《广艺舟双楫》曰："石庵出于董，然力厚思沉，筋摇脉聚，近世行草书作浑厚一路，未有能出石庵之范围者，吾故谓集帖学之成也。"沙孟海先生说刘墉"大字学颜真卿，写得很出神"。

钱沣（1740—1795），清云南昆明人，字东注，号南园。官至监察御史、通政使参仪、太常侍少卿等。为官忠直，刚正不阿。时和珅擅权财政，沣不畏权势，上疏弹劾其奸，直声震天下。正因为他忠直刚正的人格，对颜真卿的高尚人品和刚正雄强的书法自然十分亲近和敬慕，因而能在清初董其昌、赵孟頫淡雅秀媚书风笼罩书坛的风气下，敢于力排时尚，以自己刚毅雄伟的颜体书风独树一帜，重振鲁公雄风。这是极其难能可贵的。曾熙《南园大楷册跋》云："南园先生崛起边疆，独入鲁公堂奥，犹孔得孟，斯道以昌。先生正直不阿，海内钦仰，学其书倪，并学其人，是书虽艺事，可进于道矣。"李瑞清评曰："南园侍卿当乾隆时，朝廷重董书，士大夫莫不人人淡墨渴笔称华亭矣。侍卿独能以举世所不好之时，上学鲁公，即此可想见其独立不阿之概。"

伊秉绶（1754—1815），清汀州宁化人，字组似，号墨卿、默庵。累官惠州知府、扬州知府，以廉吏善政著称。他的书法以擅长古隶名世，在师承《张迁碑》《衡房碑》《裴岑纪功碑》《开通褒斜道刻石》等汉隶中，引入颜真卿大楷方正浑厚、雄强壮阔的气魄，遂成刚健庄严、宽博雄伟，具有鲜明个人风格的隶书，对后世影响很大。行草书则从明代李东阳上溯颜真卿行草书，对《送刘太冲序》《刘中使帖》《裴将军诗》得益尤多，且有融入篆隶笔意，形成细挺疏朗的独特面目。清蒋宝龄《墨林今话》言墨卿："以篆隶名当代，劲秀古媚，独创一家，楷书亦入颜平原之室。"康有为《广艺舟双辑》曰："集分书之成，伊汀州也。"民国期间学者马宗霍《书林藻鉴》云："世皆称汀州之隶，以其古拙也。然拙诚有之，古则未能。独以其隶笔作行书，遂入鲁公之室。"沙孟海先生

图3-96 钱沣《明月古香七言行书联》

亦说:"伊秉绶是用颜真卿的楷法写隶字的,但同时,他也用隶的方法来写颜字。用隶的写法来写颜字,真是师颜之所师。"

何绍基(1799—1873),清湖南道州人,字子贞,号东洲,晚号蝯叟。历官国史馆总纂、四川学政等。他出身于书香门第,父凌汉,弟绍业、绍祺、绍京皆善书,且皆学颜真卿,兄弟四人被称为"何氏四杰"。他早承家学,楷行书皆从颜真卿入手,对《争座位帖》所下功夫尤深,得益也最多。继而旁及欧阳通,深入钻研秦、汉、六朝碑版,于金文古篆、《张迁》《衡方》《礼器》《石门颂》等汉隶及魏《张黑女墓志》得益尤多。故他不但真、草、隶、篆诸体俱精,而且能熔铸百家、独创自家面目,既雍容大气又灵动多姿,在中国书法史上地位也很高,影响也很大。清杨翰《息柯杂著》言:"贞老书专从颜清臣问津,积数十年功力,探源篆隶,入神化境,晚年尤自课勤甚,摹《横星祖》《张公方》多本,神与迹化,其行书如天花乱坠,不可捉摸,篆书纯以神行,不以分布为工;

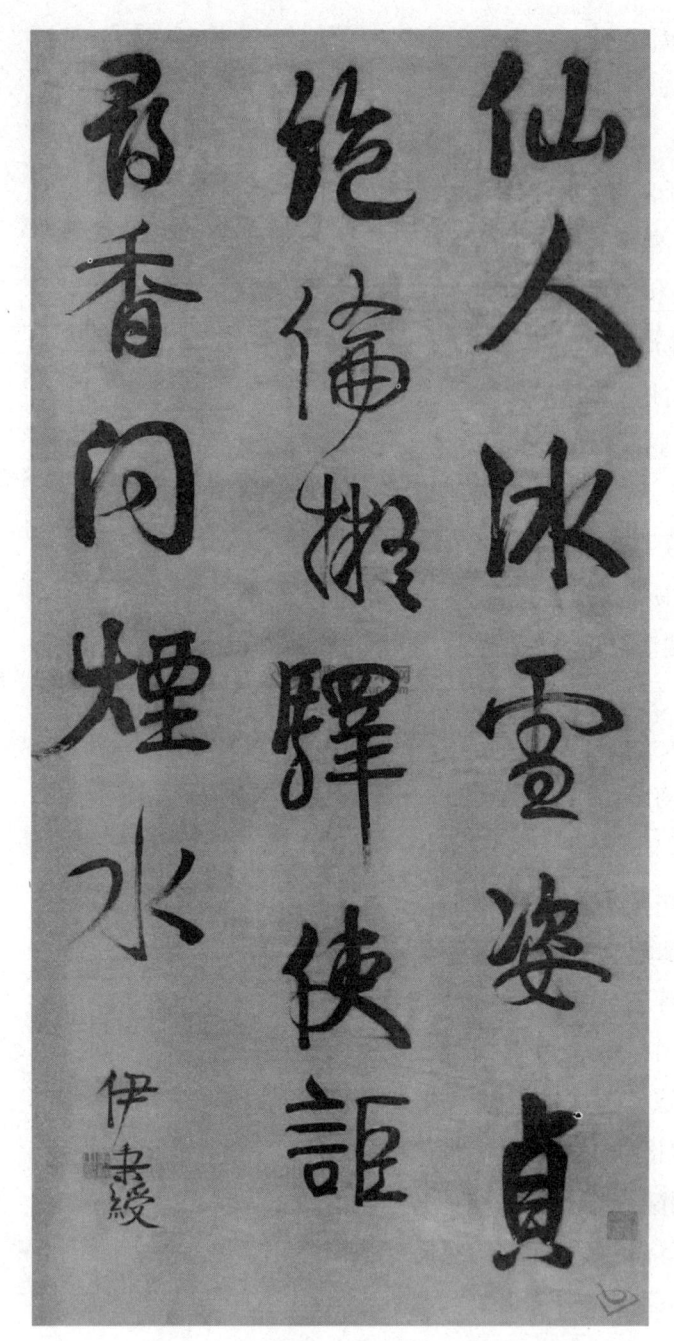

图3-97 伊秉绶《奉同张敬夫城南二十咏》(局部)

隶书学《张迁》,几逾百本。论者知子贞之书,纯以天分为事,不知其勤笔有如此也。"曾熙曰:"蝯叟从三代两汉包举无遗，取其精意入楷，其腕之空取《黑女》，力之厚取平原，锋之陷劲取兰台，故能独有千古。"

翁同龢（1830—1904），清末江苏常熟人，字叔平，号松禅、瓶庵居士等。咸丰六年（1856年）状元，历官户部、工部尚书，加太子太保，后又任军机大臣兼总理各国事务衙门大臣。穆宗、德宗两朝皆值弘德殿为师傅。他在朝达四十余年，以清廉爱国闻名于世。他对外主张抵抗帝国主义侵略，反对李鸿章卖国，对内支持德宗的维新变法，被康有为誉为"中国维新第一导师"，亦因此于光绪二十四年（1898）被慈禧太后革职回故里，卒谥"文恭"。他身居庙堂高位又学识渊博，秉性忠直，以颜真卿的楷、行书为楷模，同时兼取苏轼、米芾和钱沣之长，晚年又吸收北碑和汉隶的笔法，故雄浑奇肆，古拙老辣，极富"庙堂气"。清杨守敬评曰："松禅学颜平原，老苍之至，无一稚笔，同治、光绪间推为天下第一，洵不诬也。"向燊云："松禅公书，初以赵、董意入颜鲁公，论者谓其气魄足继石庵、南园。晚已变法去官，书法益横肆，学者翕然宗之。"马宗霍《书林藻鉴》云："松禅早岁由思白以窥襄阳，中年由南园以攀鲁公，归田以后纵意所适，不受羁缚，亦时采北碑之笔，遂自成家。然气息浑厚，堂宇宽博，要以得自鲁公者为多。"

图3-98 翁同龢书法作品

### 3. 颜真卿对当代书法的影响

颜真卿的书法艺术风格对现当代以来的书法家影响很

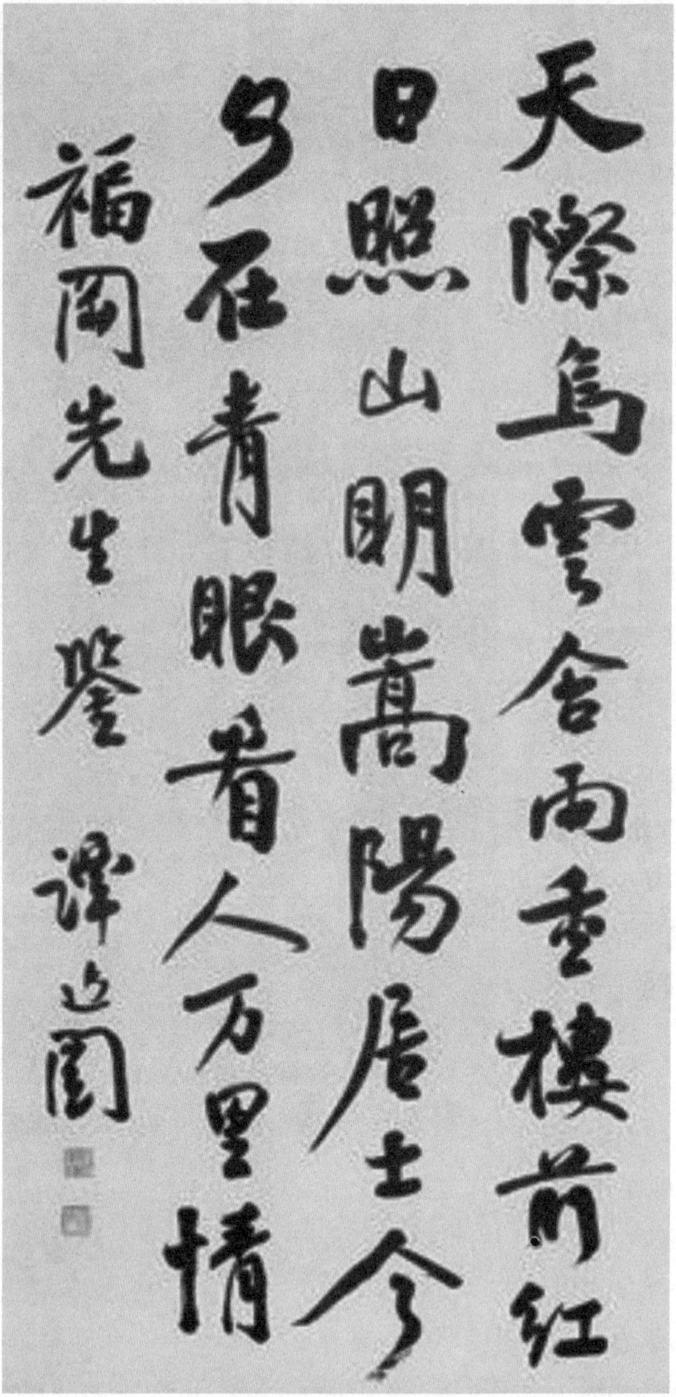

图 3-99　谭延闿《天际乌云帖》

大，在以下这些名家的作品中都有所体现。

华世奎（1863—1941），清末民初天津人，字璧臣。光绪年间举人，授荣禄大夫、内阁阁丞。"戊戌维新"后辞官返津，自署"北海遗民"。他少时对钟、王小楷和汉隶勤下功夫，二十岁后致力于颜真卿书法的临习，三十岁后又兼学钱沣与苏轼。经过长期博涉约取，使自己的颜体书法多有创意，形成一种用笔敦厚、骨力开张、遒润雄健、含和壮美的独特风格。榜书尤为雄伟，当时天津的招牌、匾额多出自他的手笔。

谭延闿（1880—1930）清末民初湖南省茶陵县人，字祖安、祖庵，号无畏、切斋。清光绪进士，授翰林院编修。"辛亥革命"后，随孙中山先生任广州大元帅府秘书长。民国初年历任都督、国民政府主席、行政院长等职。书法专师颜真卿楷、行书，少时即得到翁同龢的赏识，赞其"笔力殆可扛鼎"。尤其对《大字麻姑仙坛记》所下功夫最深，平生临写达 220 通（见其弟泽闿题跋），故其字风度端庄舒和，精气内敛，毫无剑拔弩张之气，实属难得。近代马宗霍评述谭延闿学书的过程云："祖安早岁仿刘石庵，中年专意钱南园、翁松禅两家，晚参米南官，骨力雄厚，可谓健笔。"他以颜真卿为宗，参照临习刘墉、钱沣、翁同龢三位颜体大家的楷、行书，吸收他们特有的体势和神韵，而出以自身深厚的学养，故其楷书雍容端庄而不板滞重浊，行书雄健而不气象弩张，诚为学颜书者的上品。

叶恭绰（1881—1968），祖籍浙江余姚县，出生于广东省番禺县，字裕甫、誉虎，号遐庵，晚号遁翁，别署矩园。民国时期曾任孙中山大本营的财政部长。中华人民共和国成立后历任中央文史馆副部长、中国画院院长等职。叶恭绰出身于金石书画世家，诗、文、书、画无不精通。著有《遐庵谈艺录》，提出评书法应以运笔、结构、骨力、气势、韵味五个方面为标准；主张以出土竹木简及汉、魏、六朝刻石、写经为宗；务使大字如小字之精练，小字如大字之磅礴。其书法从颜真卿入手，讲求笔力的雄健和结构的严谨，继而又取法赵孟頫的《胆巴碑》，兼学褚遂良的《阴符经》和王羲之的《曹娥碑》，后又专攻六朝碑刻。故能荟萃诸家之长而成一家风格，具颜之骨力、赵之秀致、褚之疏朗、魏之劲健，而雄健开张、气魄宏大，隐约透出颜书的风格特点。

郭沫若（1892—1978），四川乐山人，原名开贞，字鼎堂。早岁赴日本留学，后回国参加革命。中华人民共和国

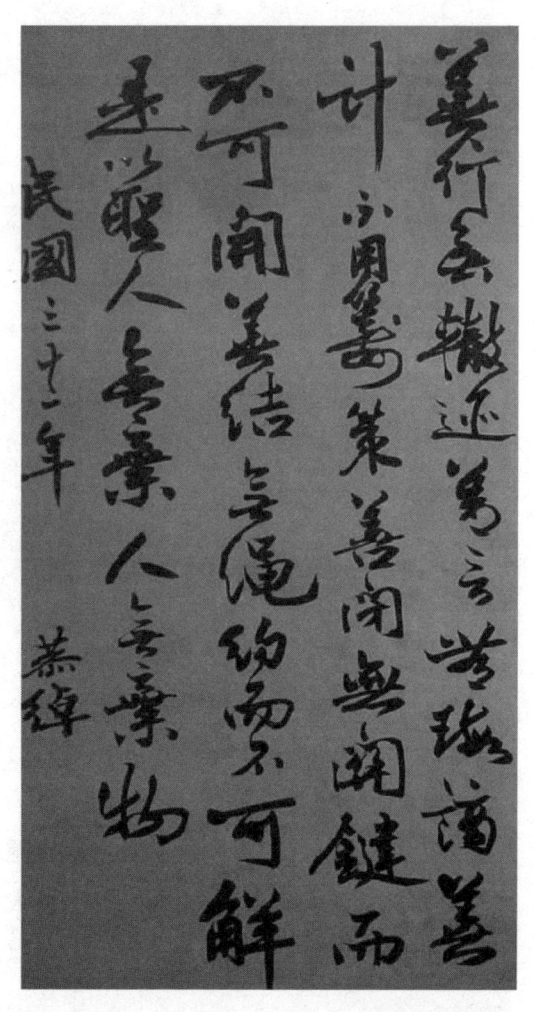

图3-100 叶恭绰书法作品

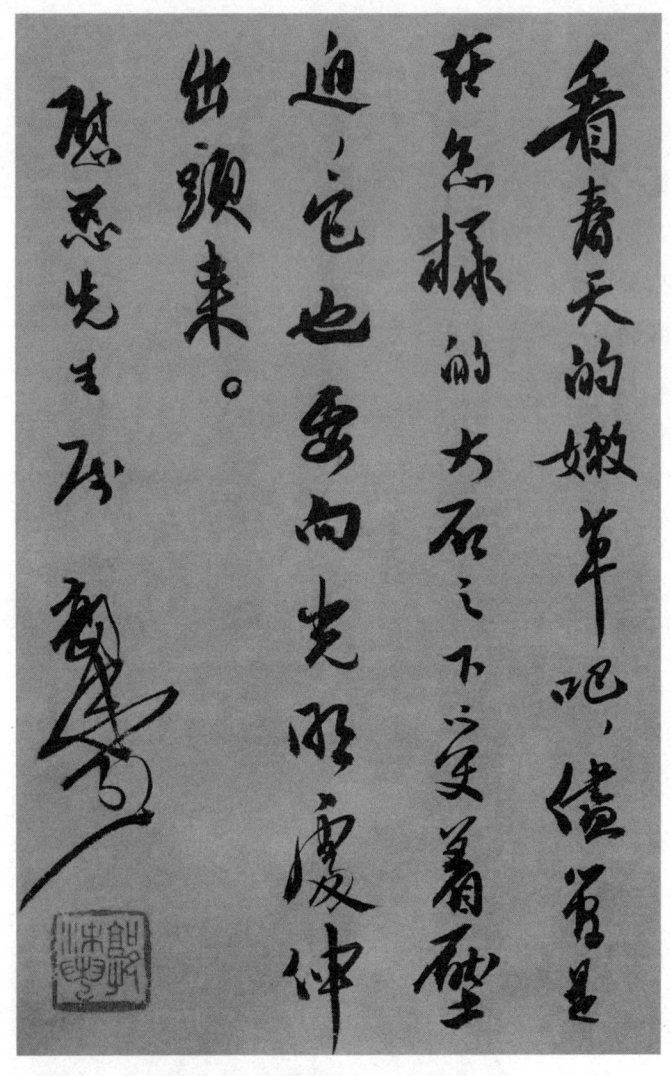

图3-101 郭沫若书法作品

成立后历任政务院副总经理兼文化教育委员会主任、中国科学院院长、全国人大常委会副委员长等职。他既是国家领导人，又是学者、文学家、历史学家、古文字学家和书法家，著述甚丰，属于古文字学和书法艺术的主要有《甲骨文字研究》《两周金文辞大系考释》《卜辞通纂》《殷契粹篇》等。郭沫若的书法渊源，其夫人于立群叙之颇详："沫若同志早年曾学颜字，能悬腕作大书。喜读孙过庭的《书谱》及包世臣的《艺舟双楫》，领悟运笔之法，在于'逆入平出，回锋转向'八字。中年研究甲骨文与金文，用功颇深。秦汉而后，历代法书几乎无所不观。"他丰富的见识，广博的学问，洋溢的才华，以及诗人的气质，加上对古文字学和书法艺术所下的深厚功力，使他的书法，尤其是行草书豪迈奔放，畅达开张而又风流倜傥、挥洒自如，不为绳墨所拘，而能自成一家。他所到之处，应邀为当地题匾牌、题词、题诗不计其数，书迹遍天下，对书坛影响甚大。

沙孟海（1900—1992），浙江鄞县人，原名文若，字孟海，中年后以字行。曾任中国书法家协会副主席。幼承家学，喜习金石书画，青年时代从学于吴昌硕、马一浮、冯君木诸名家。书法广涉篆、隶、真、行、草各体，以行草书最精，且又精于榜书，这在当代书坛中尤属难能可贵。他的书法渊源于王羲之、颜真卿、黄道周、吴昌硕，以及古篆、隶、金石。他越近晚年，颜真卿书风的影响越大，尤其颜氏行草书《祭侄文稿》《争座位帖》《刘中使帖》《蔡明远帖》《送刘太冲序》和《裴将军诗》等帖对他的影响尤深。他又善于"以古为新""融古出新"，而形成刚健豪迈、沉厚酣畅、博大雄深、气势磅礴的自家风格，对当代书坛的影响很大，曾被评为"中国二十世纪十大杰出书法家"之一。生平著述甚丰，主要有《印学概述》《沙村印话》《海岳名言注释》《近三百年的书学》《中国书法史图录》《沙孟海论书丛稿》等。

罗丹（1904—1983），福建连城县人，字稚华，号慧印居士。曾任中国书法家协会第一届理事。他从小生活在诞生过伊秉绶、上官周、黄慎等著名书画家的闽西家乡，耳濡目染使他从青年时代就爱好书、画、诗、文，其后定居厦门。曾赴新加坡习字，在此期间，广交张善子、柳亚子等艺友，书、画、诗、词益精。他的书法由伊秉绶、翁同龢上溯颜真卿，于《东方塑画赞》《大字麻姑仙坛记》《裴将军诗》尤得其神髓。同时，广临《张迁》《衡方》《曾全》《华山》《鲜于璜》等汉隶及《张猛龙》等六朝碑刻，博采众长，独辟蹊径，形成具有鲜明个人风格的书体，隶、楷、行、草皆雄浑刚健，挺拔壮伟，同时又神采飞逸，变化多姿，人称之为"罗丹体"。其榜书更多颜体

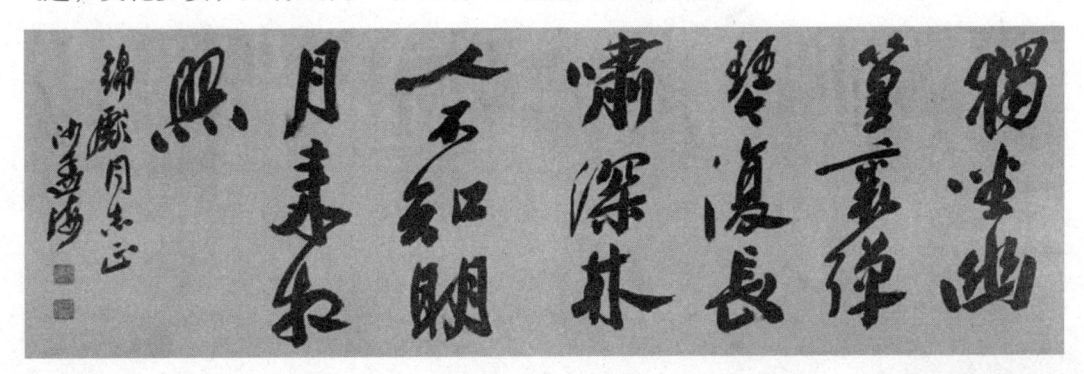

图 3-102 沙孟海书法作品

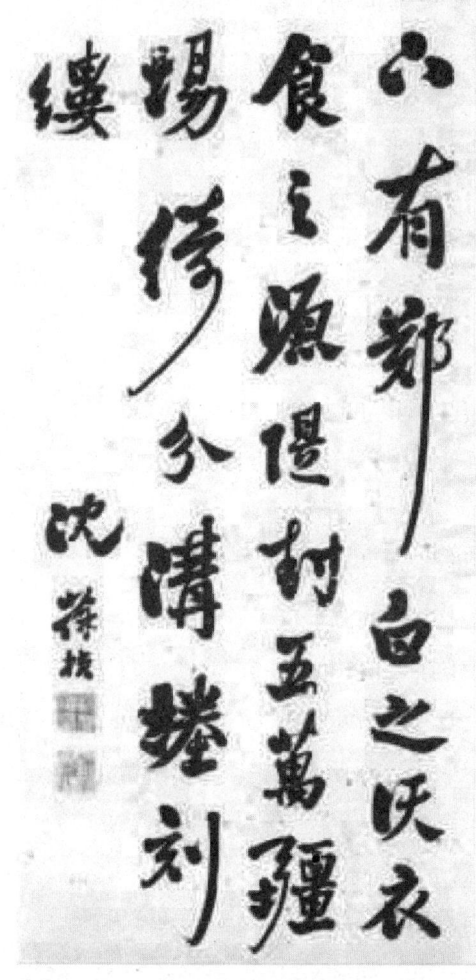

图3-103 沈葆桢《两都赋》

的骨力和气魄，雄深壮美、举重若轻。至今闽西、闽南和东南亚等地仍常见他的榜书牌匾、刻石。

沈觐寿（1907—1997），福建福州人，字年仲，号静叟，又号遂真园翁。他出身书香门第，曾祖父沈葆桢是清船政大臣，后转任台湾巡抚，继任两江总督，公余兼善书画。沈觐寿幼承家学，金石、书画、诗文无不研习，于书法尤深。其家祖上多学颜书，且家教甚严，故他学生时代即擅长颜体楷、行书。后又学钱沣、翁同龢、谭延闿诸颜体大家，以扩大眼界，加深对颜、褚精髓的理解。二十世纪四十年代后期，又兼学褚遂良的楷书。于颜之《大字麻姑仙坛记》《颜家庙碑》《争座位帖》及褚之《雁塔圣教序》尤深得其精髓。同时，能探幽撷微，将颜、褚两家暗合之处贯通交融，相得益彰。但相对而言，还是颜体的成就更大。他写的颜体形神兼备、严谨端庄，笔力圆健苍劲，气象磊落大方，在当代颜体书法的作品中，当推上乘之作。所书褚体，能含刚健于婀娜，妍润秀雅，富于书卷气。作颜体榜书尤得心应手，雍容典雅，精气内敛，有若正人君子的风度。

# 附 录

## 颜真卿年表

唐中宗景龙三年（709） 生于京兆长安县敦化坊祖宅，小名羡门子。父颜惟贞，字叔坚，时任太子文学，年四十岁，祖籍琅琊临沂。伯父元孙四十二岁，时任著作佐郎。舅殷践猷三十六岁，时任杭州参军。

唐睿宗景云元年（710） 七月初，父颜惟贞以清白为察访使魏奉古荐引，迁薛王友。弟颜允臧生。

唐睿宗景云二年（711） 二月初二日，皇太子始监国，伯父颜元孙以太子舍人独掌令诰，甚得时誉。是月，父颜惟贞以旧僚之谊为长安县丞萧思亮撰写墓志铭。

唐玄宗先天元年（712） 父惟贞去世。母殷氏率遗孤十人，寄居于通化坊舅父殷践猷家。

唐玄宗开元四年（716） 伯父元孙迁沂州刺史。不日，遭人诬陷，降阶夺禄，黜归田里。

唐玄宗开元五年（717） 舅父殷践猷举文儒异等科，诏授秘书省学士。

唐玄宗开元六年（718） 舅父殷践猷迁曹州司法参军，同年由秘书省学士改充丽正殿学士。

唐玄宗开元九年（721） 七月九日，舅父殷践猷去世，享年四十八岁。是后，随母殷氏南下，寄居于外祖父吴县令殷子敬官舍。

唐玄宗开元十年（722） 正月，伯父元孙起家为濠州刺史，中书令张嘉贞荐引知制诰，会其罢相，未行。

唐玄宗开元十六年（728）　　取字清臣，别号应方。

唐玄宗开元二十年（732）　　七月初，伯父元孙卒于其子春卿翼城县丞任所，年六十五岁。

唐玄宗开元二十一年（733）　　通过国子监考试。

唐玄宗开元二十二年（734）　　举进士第。所试《梓材赋》《武库诗》并登甲科。有《雁塔题名》。娶太子中书舍人韦迪之女为妻。

唐玄宗开元二十四年（736）　　吏部铨选，试《三命判》，入高等，擢拔萃科，诏授朝散郎、秘书省著作局校书郎。始与高适结交。编撰《韵海镜源》。

唐玄宗开元二十五年（737）　　校书郎任上，应相州刺史张嘉祐之请，撰《周太师尉迟迥碑铭》。

唐玄宗开元二十六年（738）　　任校书郎。季春，次兄允南以书判超等诏授右卫武兵曹参军。不日，母殷氏卒，年六十余。

唐玄宗开元二十七年（739）　　在洛阳为母守丧。

唐玄宗开元二十九年（741）　　服除，返回长安待职。

唐玄宗天宝元年（742）　　九月十八日，参加"博学文词秀逸科考试，及第。十月，依资诏授京兆醴泉县尉。弟允臧入仕任太康县尉。

唐玄宗天宝二年（743）　　醴泉县尉任上。

唐玄宗天宝三年（744）　　醴泉县尉任上。

唐玄宗天宝四年（745）　　醴泉县尉任上，内弟殷寅举进士第。

唐玄宗天宝五年（746）　　四月，由醴泉县尉升任长安县尉，散官加通直郎。长子颇生。

唐玄宗天宝六年（747）　　以长安县尉迁监察御史，与鲜于仲通为同僚，始结游。巡复诸陵。秋，充河东、朔方军试覆屯交兵使。

唐玄宗天宝七年（748）　　监察御史任上。秋，充河西、陇右军试覆屯交兵使。

**唐玄宗天宝八年（749）** 监察御史任上。春，充河东、朔方军试覆屯交兵使，劾荥阳郑延祚兄弟不孝。返京，劾金吾将军李延业不守法度。由是，天下耸动，朝廷肃悚。八月，迁殿中侍御史。未几，因援救中丞宋浑未果，为宰相杨国忠所忌，出为东都畿采访处置使判官。

**唐玄宗天宝九年（750）** 五月，撰《郭揆碑》。八月，再任殿中侍御史。十二月，升侍御史。

**唐玄宗天宝十年（751）** 三月，改兵部员外郎，判南曹，散官加朝议郎。弟太康县尉颜允臧举"才可宰百里"制科，诏授延昌县令。

**唐玄宗天宝十一载（752）** 兵（武）部员外郎任上。四月二十二日，西京千福寺内法华院内立其正书岑勋《大唐西京千福寺多宝佛塔感应碑》。

**唐玄宗天宝十二年（753）** 六月，遭宰相杨国忠排挤，自武部员外郎出任平原郡太守。

**唐玄宗天宝十三年（754）** 平原郡太守任上。即与郡人封绍、高筼及族弟颜浑等人始修《韵海镜源》，成二百卷。举荐处士张镐，张入朝为左拾遗。察知安禄山反状，遣使入朝密奏，并预为战备。十二月，安禄山遣判官平冽等巡按平原，颜真卿与之同游东方朔神庙，正书并篆额晋夏侯湛撰《东方朔画赞碑》，撰书并题额《东方朔画赞碑阴记》。

**唐玄宗天宝十四年（755）** 十一月初一，撰书《东方先生墓碑》。初九日，安禄山反于范阳，引兵南下，直趋洛阳。两河郡县大部陷落，唯平原城守俱备。真卿派人至长安奏报，并招募勇士万人。年底，安禄山陷洛阳，遣段子光等携东都留守首级至平原。真卿腰斩段子光，祭奠烈士，誓师拒叛。河间、济南、饶阳、景城、邺郡等地义军归平原，推真卿为盟主，合兵二十万。真卿联络堂兄常山太守杲卿共举义旗。杲卿杀叛将李钦凑，夺回军事要塞井陉，与平原形成掎角之势。河北十七郡复归朝廷，安禄山不敢急攻潼关。

唐玄宗天宝十五年（756）　正月，杲卿壮烈殉国。朝廷拜真卿为户部侍郎充本郡防御使，仍为平原太守。三月初，真卿联络清河、博平二郡，以三郡之兵在堂邑西南大破叛军袁知泰部，收复魏郡，军声大震。真卿让功于北海太守贺兰进明。平卢游奕使刘客奴谋以渔阳归朝廷，真卿派员跨海遣送军资，并以子颇为质。三月二十九日，朝廷加真卿为河北招讨采访使。六月初九日，潼关失守。十三日，玄宗西奔。十七日，长安陷落。七月十二日，太子李亨在灵武即帝位，改元"至德"，是为肃宗。真卿数遣使以蜡丸裹书陈事，诏授工部尚书兼御史大夫，仍以河北招讨采访使守平原，散官加银青光禄大夫。有《皇帝即位贺上皇表》和《访求清河行人李华牒》《修书帖》等。十月，真卿遣和琳率义军救河间，为叛军所败。二十二日，安禄山指使康没野波进攻平原，真卿率部弃城南下，渡黄河，从水路至荆、襄。与各道采访使计会兵马未成。本年，弟允臧迁监察御史，兄允南迁司膳郎中。

唐肃宗至德二年（757）　二月，肃宗至凤翔。真卿北上，至武当，诏授宪部尚书。四月，至凤翔，有《让宪部尚书表》。弹劾吏部侍郎崔漪带酒容入朝、谏议大夫李何忌在朝班不肃。六月，代韦陟为御史大夫，有谢表。弹劾宰相房琯曲以私情。十月，弹劾王府都虞侯管崇嗣不遵礼法。十九日，扈从肃宗由凤翔出发，二十三日至长安，奏请肃宗先祭太庙，东向哭三日然后入宫。十一月二十八日，为宰相崔圆所忌，贬为冯翊太守。本年，次兄允南迁司封郎中，弟允臧迁殿中侍御史。

唐肃宗乾元元年（758）　二月十七日，追赠祖显甫华州刺史。三月五日，受诏迁蒲州刺史、充本州防御使、使持节蒲州诸军事，封丹阳县开国侯。四月，有《谢赠祖官表》。五月二十八日，朝廷追赠杲卿为太子太保，谥"忠节"。侄泉明赴河北找回常山死难将士遗属三百余人，求得父杲卿及兄季明等人尸骨。九月三日，真卿撰行书《祭侄文稿》。十月初，因御史唐旻诬告，贬为饶州刺史。十一日，途经华阴县，登华山，游金天王祠，有《华岳庙题名》。二十一日，至洛阳，扫拜伯父元孙墓，撰书《祭伯父濠州刺史文》。

**唐肃宗乾元二年（759）** 任饶州刺史。时饶州一带盗匪横行，真卿智擒盗首，四境肃然。见欧阳询所书《荐福寺碑》，建亭护之，后人因名"鲁公亭"。六月九日，除升州刺史，充浙西节度使兼江宁军使。冬，撰《天下放生池碑铭》。又作《与蔡明远书》。

**唐肃宗乾元三年（760）** 正月，入京任刑部侍郎。闰四月十九日改元"上元"。七月，上《乞御书天下放生池碑额表》，擘窠大书《天下放生池碑铭》。八月，因率群臣上表问候迁于西内的太上皇李隆基，被权臣李辅国遣御史诬奏，出贬蓬州长史。至阆州新政县，撰《鲜于氏离堆记》。

**唐肃宗上元二年（761）** 任蓬州长史，救灾恤患，民颂其德。夏，撰《李齐物神道碑铭》。

**唐肃宗宝应元年（762）** 五月，拜为利州刺史，因羌人围城，未就任，奉诏入都。十六日，正书《鲜于氏离堆记》。十二月，代刘晏任户部侍郎。

**唐代宗广德元年（763）** 三月，改任吏部侍郎，复银青光禄大夫阶，加上柱国。正书《唐赠太常卿韦缜神道碑》。八月二十七日，拜江陵尹兼御史大夫，加阶金紫光禄大夫，充荆南节度观察处置使。未就任，由卫伯玉代任，迁尚书右丞。十月初七日，真卿扈从代宗奔陕州，吐蕃进据长安。十一月，书父惟贞《秘书少监告》、母殷氏《兰陵郡太夫人告》。十二月，长安收复，奏请代宗先谒五陵九庙然后还宫。

**唐代宗广德二年（764）** 正月，除检校刑部尚书兼御史大夫，充朔方行营、汾晋等六州宣慰使，奉诏宣谕仆固怀恩，未行。留知省事。二月，书《与李太保帖》。三月二十二日，晋爵鲁郡开国公，食邑三千户。八月，撰《和政公主神道碑铭》。十一月，撰《与郭仆射书》，谴责尚书右仆射郭英乂排座次时谄媚观军容使、宦官鱼朝恩。撰并正书《郭氏家庙碑》，行书《郭公庙碑阴记》，撰《李光弼神道碑铭》。

唐代宗永泰元年（765）　正月，除刑部尚书。弟允臧任江陵少尹，兼侍御史荆南节度行军司马。

唐代宗永泰二年（766）　吏部尚书任上，是时宰相元载专权，惧朝臣论奏其短，以代宗旨宣谕："自今论事者，诸司官皆须先白长官，长官白宰相，宰相定可否，然后奏闻。"上《论百官论事疏》切谏。二月，摄祭太庙，以祭器不修言之于朝，元载以诽谤时政罪贬真卿为硖州别驾。十一日，有《硖州帖》。三月，又改贬吉州别驾。道出浔阳，书旧作《吊烈士左伯桃墓诗》于蒲塘客舍，作《蒲塘辨》。六月登庐山，有《东林寺题名》《西林寺题名》。十月，撰《左金吾卫大将军康阿义屈达干神道碑铭》。

唐代宗大历二年（767）　任吉州别驾。正月，有《鲜于仲通碑》。十二月，游青原山靖居寺，书《靖居寺题名》。有《守政帖》。

唐代宗大历三年（768）　在吉州，与僧、道、儒、宦各界友人诗酒讲论，诗文辑成《庐陵集》十卷。四月，起为抚州刺史。有《书马伏波语》。在抚州人左辅元、姜如璧等人帮助下整理旧编《韵海镜源》。十一月五日，弟允臧去世。

唐代宗大历四年（769）　正月，撰书《华盖山王郭二真君坛碑铭》。三月，撰书《魏夫人仙坛碑铭》《华姑仙坛碑铭》。四月，撰书《宝应寺翻经台记》《颜允南碑》《颜乔卿碑》《颜幼舆碑》《颜允臧碑》等。

唐代宗大历五年（770）　正月一日，书"逍遥楼"

三个大字。三月,撰《赠梁州刺史徐秀碑》。五月,撰书《曹州司法参军秘书省丽正殿二学士殷君墓碣铭》,又书自撰《唐大斌令殷摄碑》。十二月,撰《广平相国宋璟神道碑铭》,撰书《元子哲遗爱碑》《张景佚碑》等。兴修水利,"治陂灌田,民赖其利",书《千金陂碑》记其事。

**唐代宗大历六年（771）** 三月,撰书《宝应寺律藏院戒坛记》。闰三月,罢抚州刺史。四月,撰并书《麻姑仙坛记》。六月,书前道州刺史元结撰《大唐中兴颂》。左辅元等辑其诗文成《临川集》十卷。八月,返京途经上元县,游茅山。撰《横山庙碑》《慈恩寺常住庄田地碑》。十一月,拜十三世祖颜含墓,书自撰《颜含大宗碑》《颜默碑》。游吴县虎丘,书"虎邱剑池"四字。正书《清远道士游虎邱诗》,有《题虎邱清远道士诗后》诗。

**唐代宗大历七年（772）** 春,送旧友刘太冲西游,有《送刘太冲序》。四月,正书晋李阐序宋颜延之铭《颜含碑》,立《颜默碑》。五月,赴宋州,作《八关斋会报德记》；赴汴州,撰书《开元寺僧碑》。九月,经郑州至洛阳,与书僧怀素相遇,为《怀素上人草书歌》作序。二十五日,正书《广平相国宋璟神道碑铭》。十一月,被任命为使持节湖州诸军事、本州团练守捉使、湖州刺史。本月,迁葬伯父颜元孙夫妇（一说系迁葬颜真卿母亲兰陵郡太夫人殷氏）。于京兆万年县凤栖原祖茔,撰书《臧怀恪碑》《与夫人帖》《元结墓碑》等。

**唐代宗大历八年（773）** 正月,至湖州任所。公务之暇,召集文士于州学及放生池讨论《韵海镜源》,删繁补阙。建韵海楼、三癸亭。与僧皎然等交游,有《赠僧皎然》等诗歌多首。又与文士宴会联句,主要联句有《水堂送诸文士戏赠潘丞联句》《登岘山观李左相石樽联句》等。七月,追建放生池碑。十二月,撰书《吴兴沈氏述祖德记》。

**唐代宗大历九年（774）** 正月,正书伯父元孙《干禄字书》。七月，书旧撰《乞御书天下放生池碑额表》，并撰碑阴记。八月，诗人张志和自会稽到湖州，真卿与张结成莫逆之交，为其更新舴艋。本年，撰并正书《颜杲卿碑》。

唐代宗大历十年（775） 春，奉和张志和《渔父词》五首。七月，湖州洪水泛滥，书《湖州帖》记述灾情。十一月，撰《刘中使帖》。

唐代宗大历十一年（776） 诗文辑成《吴兴集》十卷。四月，作《崔孝公宅陋室铭》。本年，撰《银青光禄大夫康希铣神道碑铭》《玄真子张志和碑铭》《李玄靖碑》等。

唐代宗大历十二年（777） 二月，作《送辛子序》。四月十二日，受朝廷之召回京。作《梁吴兴太守柳恽西亭记》《湖州石柱记》《湖州射堂记》等。五月，撰书《项王碑阴述》，书《银青光禄大夫康希铣神道碑铭》《李玄靖碑》《殷君夫人颜氏碑》，以及中书侍郎杨绾撰《李抱玉碑》。八月，任刑部尚书。

唐代宗大历十三年（778） 二月，奉命谒昭陵，过瑶台寺，有《使过瑶台寺有怀园寂上人》诗，书《瑶台帖》。三月，改任吏部尚书。撰并书《广平相国宋璟碑侧记》，书《广平帖》。

唐代宗大历十四年（779） 六月，以吏部尚书充礼仪使，上《请除素练听政奏》，书《扶风王马璘碑》。七月，上《请复七圣谥号状》。十月，有《论元皇帝祧迁状》，书《颜勤礼碑》。

唐德宗建中元年（780） 六月，撰并书《颜氏家庙碑》。作《世系谱序》，著《颜氏家谱》一卷。八月二十七日，改任太子少师，仍充礼仪使，授光禄大夫。有《自书告身》。十月，朝廷封真卿子右率仓曹，为沂水县男；秘书省正字硕为新泰县男。撰《家庙碑后记》《家庙碑额阴记》。

唐德宗建中二年（781）　九月，上《庙享议》《朝会有故去乐议》。十月，正书李舟撰《明州刺史王公德政碑》。

唐德宗建中三年（782）　闰正月二十五日，上《请定武成庙释奠奏》。六月，书《朱巨川告身》。八月，罢礼仪使，改任太子太师。左辅元等编成《礼乐集》十卷。正书李华撰《元德秀墓碣》。

唐德宗建中四年（783）　正月十七日，真卿任淮西宣慰使，前往许州宣慰李希烈。劝谕不成，被李希烈扣押。十月，李希烈部将周曾等谋反正，事泄被杀，真卿被移囚于汝州龙兴县佛寺。作《奉命帖》。十二月，李希烈派人咨询即帝位仪式，遭真卿痛斥。

唐德宗兴元元年（784）　拘囚于汝州龙兴，李希烈数遣使逼于囚所，不为屈礼。

唐德宗贞元元年（785）　正月五日，移囚于蔡州龙兴寺。至囚所，自撰遗表、墓志、祭文，以明死志。十九日，有《移蔡帖》。八月二十日，受害于该寺，享年七十七岁。

贞元二年（786）正月二十二日，德宗闻之，辍朝五日，谥"文忠"，赠"司徒"。十一月三日，迁袝于京兆万年县凤栖原祖茔。

## 主要参考书目：

〔五代〕晋刘昫等：《旧唐书》，中华书局点校本。

〔宋〕欧阳修、宋祁：《新唐书》，中华书局点校本。

〔唐〕颜真卿：《颜鲁公文集》，四部丛刊初编本。

〔唐〕张彦远：《法书要录》，人民美术出版社1984年版。

〔宋〕李昉等：《太平广记》，中华书局点校本。

〔宋〕赵明诚：《金石录》，上海书画出版社1985年版。

〔宋〕黄庭坚：《山谷题跋》，丛书集成初编津逮丛书本。

〔宋〕朱熹：《晦庵题跋》，丛书集成初编津逮丛书本。

〔宋〕苏轼：《东坡题跋》，丛书集成初编津逮丛书本。

〔宋〕米芾：《海岳题跋》《宝章待访录》，丛书集成初编津逮丛书本。

〔宋〕米芾：《书史》，丛书集成初编百川学海本。

〔明〕赵崡：《石墨镌华》，丛书集成初编知不足斋丛书本。

〔明〕杨慎：《墨池琐录》，涵海本。

〔清〕黄本骥：《隋唐石刻拾遗》，聚学轩丛书本。

〔清〕王志沂：《关中汉唐存碑跋》，道光四年（1824）刊本。

〔清〕黄本骥编订：《颜鲁公集》，四部备要本。

〔清〕王澍、钱人龙订：《竹云题跋》，丛书集成初编海山仙馆丛书本。

〔清〕王澍：《虚舟题跋》，丛书集成初编海山仙馆丛书本。

沙孟海：《沙孟海论书丛稿》，上海书画出版社1987年版。

张守富、王汝涛主编：《颜真卿志》，山东人民出版社1998年版。

王景芬著：《颜真卿传》，北京紫禁城出版社1988年版。

朱关田著：《颜真卿年谱》，西泠印社2008年版。

朱关田著：《颜真卿》，河北教育出版社2002年版。

严杰著：《颜真卿评传》，南京大学出版社2005年版。

朱关田著：《颜真卿传》，上海书画出版社1990年版。

刘遵山选编：《历代书法家述评辑要》，齐鲁书社1989年版。

朱关田著：《唐代书法考评》，浙江人民美术出版社1992年版。

姜澄清著：《中国书法思想史》，河南美术出版社1993年版。

何炳武主编：《中国书法思想史》，陕西人民出版社2008年版。

白鹤著：《颜真卿书法艺术》，学林出版社2003年版。

朱关田主编：《颜真卿书法集》，上海书画出版社1992年版。

朱关田主编：《中国书法史·隋唐五代卷》，江苏教育出版社1999年版。

《中国美术全集》编辑委员会编：《中国美术全集·书法篆刻卷·隋唐五代书法》，人民美术出版社1989年版。

中国书法编辑组编辑：《颜真卿》（一至五册），文物出版社出版。

《忠义堂帖》，西泠印社影印宋本，1994年版。

朱关田主编：《中国书法全集》（第25、26卷），荣宝斋1993年版。